A·B·1·2

Auténtico

LITERACY SKILLS WORKBOOK

VOLUME 1

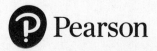 Pearson

Boston, Massachusetts • Chandler, Arizona • Glenview, Illinois • New York, New York

Acknowledgements appear on p. 198, which constitutes an extension of this copyright page.

Pearson, 330 Hudson Street, New York, NY 10013.

ISBN-13:   978-0-328-92394-6
ISBN-10:   0-328-92394-X

Table of Contents

Level A/B-1 1

Tema 1: Mis amigos y yo
Lectura 1 2
Lectura 2 5
Integración de ideas 8

Tema 2: La escuela
Lectura 1 10
Lectura 2 13
Integración de ideas 16

Tema 3: La comida
Lectura 1 19
Lectura 2 22
Integración de ideas 25

Tema 4: Los pasatiempos
Lectura 1 27
Lectura 2 30
Lectura 3 32
Integración de ideas 35

Tema 5: Fiesta en familia
Lectura 1 37
Lectura 2 40
Lectura 3 43
Integración de ideas 46

Tema 6: La casa

Lectura 1 48

Lectura 2 51

Integración de ideas 54

Tema 7: De compras

Lectura 1 56

Lectura 2 59

Lectura 3 62

Integración de ideas 66

Tema 8: Experiencias

Lectura 1 68

Lectura 2 72

Lectura 3 74

Integración de ideas 79

Tema 9: Medios de comunicación

Lectura 1 81

Lectura 2 84

Lectura 3 87

Integración de ideas 90

Level 2 93

Tema 1: Tu día escolar

Lectura 1 94

Lectura 2 97

Lectura 3 101

Integración de ideas 104

Tema 2: Un evento especial

Lectura 1 106

Lectura 2 109

Lectura 3 112

Integración de ideas 116

Tema 3: Tú y tu comunidad

Lectura 1 118

Lectura 2 121

Lectura 3 124

Integración de ideas 128

Tema 4: Recuerdos del pasado

Lectura 1 130

Lectura 2 133

Lectura 3 136

Integración de ideas 139

Tema 5: En las noticias

Lectura 1 141

Lectura 2 145

Lectura 3 149

Integración de ideas 152

Tema 6: La televisión y el cine

Lectura 1 154

Lectura 2 157

Lectura 3 160

Integración de ideas 163

Tema 7: Buen provecho

Lectura 1 165

Lectura 2 169

Integración de ideas 173

Tema 8: Cómo ser un buen turista

Lectura 1 175
Lectura 2 179
Lectura 3 183
Integración de ideas 187

Tema 9: ¿Cómo será el futuro?

Lectura 1 189
Lectura 2 192
Integración de ideas 196

Créditos

Créditos 198

Level 1

Nombre _____ Fecha _____

Tema 1   Mis amigos y yo: Lectura 1

Read the results from two different surveys about free-time activities.
How do your activity choices compare with the teens in these countries?

¿Qué te gusta hacer en tu tiempo libre *(free time)*?

Gráfica 1: Comparación de actividades de tiempo libre
Porcentaje de chicos y chicas de España de 15 a 19 años

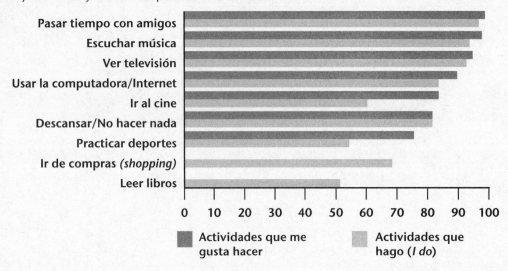

Fuente: Elaborado con información del reporte "Revisión: Adolescentes y jóvenes: Ocio y uso del tiempo libre en España". Delegación del gobierno para el plan nacional sobre drogas, septiembre 2009.

Gráfica 2: Actividades más frecuentes del tiempo libre
Porcentaje de chicos y chicas de Argentina de 14 a 17 años

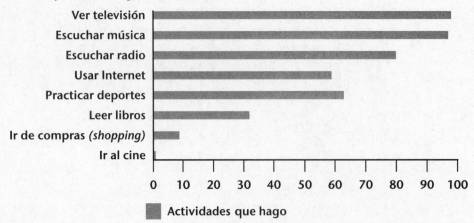

Fuente: Elaborado con información del reporte "Noveno informe. Los adolescentes y los hábitos culturales". Estudio "La Voz de la Nueva Generación" UP-TNS Gallup, Universidad de Palermo, mayo 2009.

Nombre _____ Hora _____

Tema 1

Fecha _____

Vocabulario y comprensión

1. **Ideas clave y detalles**   Review the data in **Gráfica 1** and choose the **three** activities per the data that are the most popular activities for Spanish teens.

   A pasar tiempo con amigos   **E** ir al cine

   B ver televisión   **F** practicar deportes

   C usar la computadora   **G** escuchar música

   D leer   **H** no hacer nada

2. **Ideas clave y detalles**   Which **two** activities in **Gráfica 1** have a greater difference between the percentage of teens that like to do the activity and the percentage of teens that actually do it?

   A descansar/no hacer nada   **D** practicar deportes

   B ir al cine   **E** pasar tiempo con amigos

   C usar la computadora   **F** escuchar música

3. **Ideas clave y detalles**   How might you describe the typical teen from Spain, based on the survey results? Choose **one** response.

   A Es sociable.

   B Es artístico.

   C Es deportista.

   D Es perezoso.

4. **Ideas clave y detalles**   Review the data in **Gráfica 2**. According to the data, which free time activities would you consider the most popular activities for teens in Argentina?

   A practicar deportes y escuchar música

   B ver televisión y escuchar música

   C escuchar música y pasar tiempo con amigos

   D practicar deportes y leer libros

Vocabulario y comprensión (continuación)

5. Ideas clave y detalles   Complete the following questions.

Part A: Based on the data in both graphs, in which **two** of the following free time activities is there more than a 50% difference in the number of teens that do the activity in Argentina as compared to the number of teens that do the activity in Spain?

    A practicar deportes

    B ir al cine

    C leer libros

    D ir de compras

Part B: Based on your interpretation of the data in both graphs, which **two** free time activities might teens in Argentina do much less often than teens in Spain?

    A play soccer   **C** read a novel

    B see the latest movie   **D** go to the mall

6. Ideas clave y detalles   Complete the following questions.

Part A: Based on the data in both graphs, which **two** activities are the most popular with teens in **both** Spain and Argentina?

    A pasar tiempo con amigos

    B ver televisión

    C usar la computadora/Internet

    D practicar deportes

    E escuchar música

    F escuchar radio

Part B: What **two** characteristics do these activities have in common?

    A These activities require spending money.

    B These activities can be done at home.

    C You can do these activities with friends.

    D You need a computer to do these activities.

Tema 1

Mis amigos y yo: Lectura 2

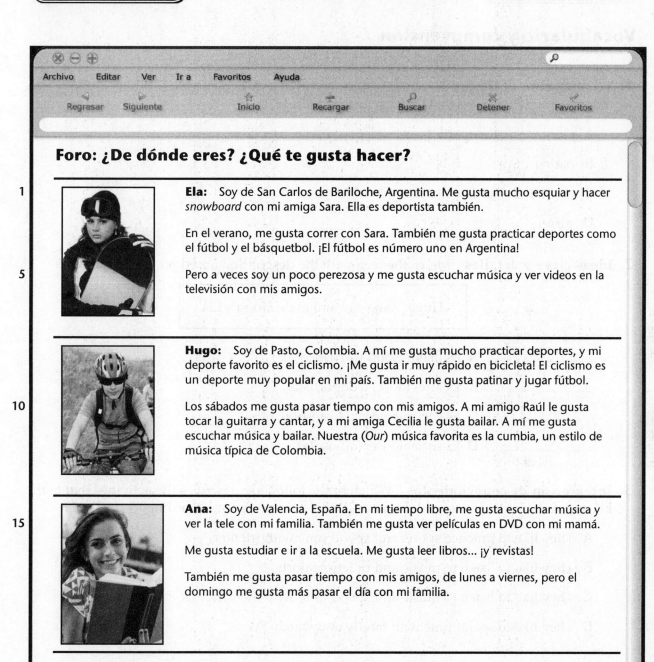

Archivo   Editar   Ver   Ir a   Favoritos   Ayuda

Regresar   Siguiente   Inicio   Recargar   Buscar   Detener   Favoritos

Foro: ¿De dónde eres? ¿Qué te gusta hacer?

1

Ela: Soy de San Carlos de Bariloche, Argentina. Me gusta mucho esquiar y hacer *snowboard* con mi amiga Sara. Ella es deportista también.

En el verano, me gusta correr con Sara. También me gusta practicar deportes como el fútbol y el básquetbol. ¡El fútbol es número uno en Argentina!

5

Pero a veces soy un poco perezosa y me gusta escuchar música y ver videos en la televisión con mis amigos.

Hugo: Soy de Pasto, Colombia. A mí me gusta mucho practicar deportes, y mi deporte favorito es el ciclismo. ¡Me gusta ir muy rápido en bicicleta! El ciclismo es un deporte muy popular en mi país. También me gusta patinar y jugar fútbol.

10

Los sábados me gusta pasar tiempo con mis amigos. A mi amigo Raúl le gusta tocar la guitarra y cantar, y a mi amiga Cecilia le gusta bailar. A mí me gusta escuchar música y bailar. Nuestra (*Our*) música favorita es la cumbia, un estilo de música típica de Colombia.

15

Ana: Soy de Valencia, España. En mi tiempo libre, me gusta escuchar música y ver la tele con mi familia. También me gusta ver películas en DVD con mi mamá.

Me gusta estudiar e ir a la escuela. Me gusta leer libros... ¡y revistas!

También me gusta pasar tiempo con mis amigos, de lunes a viernes, pero el domingo me gusta más pasar el día con mi familia.

Tema 1

Vocabulario y comprensión

1. **Vocabulario**   In Hugo's post he says "*mi deporte favorito es el ciclismo*". Which of the following activities is related to the sport of "*ciclismo*"?

    A montar en monopatín

    B patinar

    C montar en bicicleta

    D correr

2. **Ideas clave y detalles**   Match the teen with the description based on the reading.

Hugo   Ana   el amigo de Hugo   Ela

    _____ **A** Es talentoso(a) y artístico(a).

    _____ **B** Es atrevido(a) y deportista.

    _____ **C** Es sociable pero perezoso(a).

    _____ **D** Es sociable y estudioso(a).

3. **Integración de conocimientos**   Which of the following describes the activities that both Ela and Ana like to do *and* are also popular activities in Spain, according to *Lectura 1*?

    A They like to practice sports and spend time with friends.

    B They like to listen to music and practice sports.

    C They like to listen to music and spend time with their friends.

    D They like to spend time with family and watch TV.

Vocabulario y comprensión (continuación)

4. Integración de conocimientos Complete the following questions.

Part A: Which one of the following sentences is **true** based on Hugo's description and the survey results from the graphs in *Lectura 1*?

  A All his favorite activities are similar to those of the teens surveyed from Spain and Argentina.

  B He likes to spend time with friends, which is similar to the survey results about teens from Spain and Argentina.

  C Not all his favorite activities are included in the survey results from Spain and Argentina.

  D He doesn't like any of the activities included in the survey results from Spain and Argentina.

Part B: Which quotes from Hugo's post support your response in Part A?

  A "A mí me gusta mucho practicar deportes."

  B "También me gusta patinar y jugar fútbol."

  C "Los sábados me gusta pasar tiempo con mis amigos."

  D "A mí me gusta escuchar música y bailar."

Nombre _____ Fecha _____

Mis amigos y yo: Integración de ideas

Escribir

Write a comment in response to the posts in *Lectura 2* to describe your favorite activities. In your comment, compare what you like to do with the activities that students in *Lectura 1* and *2* like to do. Focus on similarities and differences.

_____

_____

_____

_____

_____

_____

_____

_____

_____

Writing Task Rubric

	Score: 1 Does not meet expectations	Score: 3 Meets expectations	Score: 5 Exceeds expectations
Completion of task	Does not complete the task within context of the topic.	Partially completes the task within context of the topic.	Effectively completes the task within context of the topic.
Use of evidence	Student presents no evidence from either selection to support response.	Student presents evidence from only one selection to support response.	Student presents evidence from both selections to support response.
Comprehensibility	Student's ideas are unclear and are difficult to understand.	Student's ideas are somewhat clear and coherent and fairly well understood.	Student's ideas are clear, coherent and easily understood.
Language use	Very little variation of vocabulary use with many grammatical errors.	Limited usage of vocabulary with some grammatical errors.	Extended use of a variety of vocabulary with very few grammatical errors.
Fluency	Uses simple sentences or fragments.	Uses complete but simple sentences.	Uses a combination of simple and complex sentences.

 **Tema 1**

Mis amigos y yo: Integración de ideas (continuación)

Hablar y escuchar

In a group, create a survey of eight or more questions to ask your classmates about their favorite activities. Be sure to include at least four activities from each reading. Conduct the survey, then compile the data, putting it into a bar graph or other visual form. Present the results of your group's survey to the class. Compare your survey results with the data and activity preferences from the two readings. Be sure to cite evidence to support your comparisons.

Presentational Speaking Task Rubric

	Score: 1 Does not meet expectations	Score: 3 Meets expectations	Score: 5 Exceeds expectations
Completion of task	Does not complete the task within context of the topic.	Partially completes the task within context of the topic.	Effectively completes the task within context of the topic.
Use of evidence	Student presents no evidence from either selection to support response.	Student presents evidence from only one selection to support response.	Student presents evidence from both selections to support response.
Comprehensibility	Student's ideas are unclear and are difficult to understand.	Student's ideas are somewhat clear and coherent and fairly well understood.	Student's ideas are clear, coherent and easily understood.
Language use	Very little variation of vocabulary use with many grammatical errors.	Limited usage of vocabulary with some grammatical errors.	Extended use of a variety of vocabulary with very few grammatical errors.
Use of visuals in presentation	Student does not include visual support in the presentation.	Student uses visual support that is somewhat difficult to understand, incomplete, and/or inaccurate.	Student uses visual support that is easy to understand, complete, and accurate.

De:	Marco González
A:	Felipe Castro
Asunto:	La escuela en Valencia

1 Hola Felipe:

¿Cómo estás? Yo estoy muy bien. Este año estudio en un programa de intercambio (*exchange program*) en el Colegio San José, en Valencia, España. Tengo siete clases interesantes. En la primera hora, tengo matemáticas. El profesor es el señor Ávila.

5 Es muy serio, pero le gusta trabajar con los estudiantes. El problema con la clase es que la tarea es muy difícil. En la segunda hora, tengo la clase de biología. Me gusta estudiar las plantas, pero hay mucha información y la clase es difícil.

Los estudiantes valencianos estudian tres idiomas, el español, el valenciano y el inglés. En la tercera hora, estudio español —o castellano. El castellano es diferente

10 del valenciano, pero aquí en Valencia, las personas hablan los dos idiomas. En mi opinión, la clase es un poco aburrida a veces. Me gusta escribir cuentos (¡y correos electrónicos!) en español y a veces escuchamos música española. Pero practicamos la gramática mucho.

Tengo un descanso (*break*) y después (*after*), tengo la clase de valenciano.

15 Me gusta estudiar el dialecto local, pero ¿estudiar dos idiomas en clases consecutivas…? ¡Qué confusión!

Tengo mi clase favorita en la quinta hora: tecnología. Me gusta usar la computadora. Para mí, la tecnología es muy interesante, fácil y útil. Y según la profesora, soy bueno para las computadoras. Hay otro descanso después de esta

20 clase.

En la sexta hora, tengo educación física, otra clase que me gusta. No tengo ni tarea ni exámenes. ¡Qué bueno! Y al final del día hay una clase de ciencias sociales, que también me gusta.

¿Y tú, Felipe? ¿Qué pasa en Philadelphia? ¿Qué tal la escuela este año?

25 Saludos,
Marco

Vocabulario y comprensión

1. **Vocabulario**   Marco studies *"castellano"* in one of his classes. Which of the following words is a synonym for *"castellano"*?

    A el inglés

    B el valenciano

    C el español

    D la gramática

2. **Ideas clave y detalles**   Which of the following items is Marco **least** likely to use in his seventh-period class?

    A un mapa

    B una computadora

    C una calculadora

    D una carpeta de argollas

3. **Ideas clave y detalles**   Complete the following questions.

    Part A: Which of the following jobs would be the best fit for Marco based on his abilities and interests as described in his e-mail?

    A profesor de español

    B programador de computadoras

    C matemático

    D profesor de biología

    Part B: Which of the following quotes from the text supports your choice?

    A "Me gusta escribir cuentos (¡y correos electrónicos!) en español […]"

    B "Me gusta mucho estudiar las plantas, pero hay mucha información y la clase es difícil."

    C "El problema con la clase es que la tarea es muy difícil."

    D "Para mí, la tecnología es muy interesante, fácil y útil."

Vocabulario y comprensión (continuación)

4. **Ideas clave y detalles** Which of the following activities makes Spanish class boring for Marco?

    A practicar la gramática

    B escribir cuentos

    C escuchar música española

    D escribir correos electrónicos

5. **Ideas clave y detalles** Based on the e-mail, which of the following statements **best** describes Marco?

    A Although he really likes school, Marco is not very studious.

    B Although he gets good grades, Marco does not really like school.

    C Marco likes to go to school and thinks that all of his classes are easy.

    D Although he thinks some of his classes are hard, Marco is enjoying school.

Tema 2 La escuela: Lectura 2

De:	Alicia Costa
A:	Elena Montoya
Asunto:	Mi horario

1 ¡Buenos días, Elena!

   Este año soy estudiante en el Colegio San José, en Valencia. Tengo un horario muy ocupado (*busy*). En el primer período, tengo la clase de arte con el señor Miró. Dibujamos y el señor Miró habla de los artistas famosos y la historia del arte. Es

5 una clase fácil y muy interesante.

   Tengo la clase de matemáticas en el segundo período. La señora Lugo es muy ordenada pero a veces es impaciente. Si (*If*) no tengo mi calculadora o si no estoy en mi silla… ¡Uy, hay problemas! Tengo mucha tarea y no es fácil.

   En el tercer período, tengo la clase de ciencias naturales, una clase muy difícil

10 para mí. Hay muchos exámenes. A veces la clase está en el laboratorio. Me gusta pasar tiempo en el laboratorio —es más interesante que la clase.

   Después de un descanso, tengo mi clase favorita, inglés. *Mr. Smith* es simpático y gracioso. En la clase me gusta leer revistas, escuchar música y usar mi diccionario. Soy una persona reservada pero hablo mucho en la clase de inglés. Allí, soy

15 atrevida.

   En el quinto período, tengo la clase de tecnología. Es una clase práctica, pero aburrida. No me gusta usar la computadora.

   Hay un segundo descanso y después tengo la clase de educación física. ¡No me gusta nada! Yo prefiero las clases académicas, pero la educación física es

20 obligatoria.

   Tengo la clase de ciencias sociales en el séptimo período. Este semestre estudiamos la historia valenciana. Soy de Madrid y no de Valencia. Para mí es interesante aprender (*to learn*) de la región donde estudio.

   ¿Y tú? ¿Cómo es tu horario?

25 Un saludo cordial,
   Alicia

Tema 2

Vocabulario y comprensión

1. **Vocabulario**   Read the passage from the text: *"En la clase me gusta leer revistas, escuchar música y usar mi diccionario. Soy una persona reservada pero hablo mucho en la clase de inglés. Allí, soy atrevida."* [line 13] Which of the following activities shows that Alicia is *"atrevida"* in English class?

   A escuchar música

   B leer revistas

   C usar el diccionario

   D hablar mucho en inglés

2. **Vocabulario**   Read the sentence from the text: *"Yo prefiero las clases académicas, pero la educación física es obligatoria."* [line 19] What does the word *"académicas"* in this context suggest about Alicia?

   A Es atrevida.

   B Es estudiosa.

   C Es deportista.

   D Es perezosa.

3. **Ideas clave y detalles**   Based on the description above, Alicia would probably most like to take which of the following classes?

   A el álgebra

   B la literatura inglesa

   C la programación

   D la biología

4. **Integración de conocimientos**   Marco and Alicia use different words to refer to the same concept. Which of the following word pairs means the same thing in the context of their e-mails?

   A gramática/práctica

   B dialecto/dibujo

   C hora/período

   D confusión/región

Tema 2

Vocabulario y comprensión (continuación)

5. **Integración de conocimientos**   Alicia's schedule is similar to Marco's schedule in all of the following ways **except:**

   A La clase de ciencias sociales es en la séptima hora.

   B Estudian matemáticas por la mañana.

   C Hay siete clases y dos descansos.

   D Estudian valenciano en la cuarta hora.

6. **Integración de conocimientos**   Which of the following statements is **NOT** true?

   A Según Marco y Alicia, la clase de matemáticas es muy difícil.

   B Marco y Alicia son estudiantes en el Colegio San José.

   C Marco y Alicia estudian inglés con *Mr. Smith.*

   D Ni Marco ni Alicia son de Valencia.

Tema 2 — La escuela: Integración de ideas

Escribir

Imagine that you go to the *Colegio San José*. You have the same afternoon schedule as Marco and Alicia. Choose your first four classes to complete the schedule below. You can select a class from either of their schedules, based on what they say about themselves and the class in their e-mails. Then, write sentences explaining why you chose the classes that you did.

Hora	Clase
primera hora	
segunda hora	
tercera hora	
cuarta hora	
ALMUERZO	
quinta hora	Tecnología
sexta hora	Educación física
séptima hora	Ciencias sociales

_____

_____

_____

_____

_____

_____

_____

_____

Tema 2 | La escuela: Integración de ideas (continuación)

Escribir

Writing Task Rubric

	Score: 1 Does not meet expectations	Score: 3 Meets expectations	Score: 5 Exceeds expectations
Completion of task	Does not complete the task within context of the topic.	Partially completes the task within context of the topic.	Effectively completes the task within context of the topic.
Use of evidence	Student presents no evidence from either selection to support response.	Student presents evidence from only one selection to support response.	Student presents evidence from both selections to support response.
Comprehensibility	Student's ideas are unclear and are difficult to understand.	Student's ideas are somewhat clear and coherent and fairly well understood.	Student's ideas are clear, coherent, and easily understood.
Language use	Very little variation of vocabulary use with many grammatical errors.	Limited usage of vocabulary with some grammatical errors.	Extended use of a variety of vocabulary with very few grammatical errors.
Fluency	Uses simple sentences or fragments.	Uses complete but simple sentences.	Uses a combination of simple and complex sentences.

Tema 2 — La escuela: Integración de ideas (continuación)

Hablar y escuchar

Work with a partner. Imagine that you and your partner are going to study at the *Colegio San José* for one year and you both want to sign up for the same classes. Work together to develop a schedule of seven classes that you both agree on. Once you have your schedule determined, write it out and describe it in Spanish to the rest of the class. Be sure to talk about the advantages and challenges of each class that you choose using evidence from the two e-mails.

Presentational Speaking Task Rubric

	Score: 1 Does not meet expectations	Score: 3 Meets expectations	Score: 5 Exceeds expectations
Completion of task	Does not complete the task within context of the topic.	Partially completes the task within context of the topic.	Effectively completes the task within context of the topic.
Use of evidence	Student presents no evidence from either selection to support response.	Student presents evidence from only one selection to support response.	Student presents evidence from both selections to support response.
Comprehensibility	Student's ideas are unclear and difficult to understand.	Student's ideas are somewhat clear and coherent and fairly well understood.	Student's ideas are clear, coherent, and easily understood.
Language use	Very little variation of vocabulary use with many grammatical errors.	Limited usage of vocabulary with some grammatical errors.	Extended use of a variety of vocabulary with very few grammatical errors.
Use of visuals in presentation	Student does not include visual support in the presentation.	Student uses visual support that is somewhat difficult to understand, incomplete, and/or inaccurate.	Student uses visual support that is easy to understand, complete, and accurate.

Tema 3   La comida: Lectura 1

Los grupos nutricionales

1 ¿Comes bien para mantener la salud? Tú necesitas comer de todos los grupos nutricionales para estar saludable. Para tener una dieta balanceada, necesitas 5 una variedad de comidas y control.

Los excesos en la comida son malos y causan problemas de salud. ¡Todo con moderación!

Grupos nutricionales y porciones recomendadas para chicos

Frutas	Las frutas tienen muchas vitaminas. La naranja y las fresas, por ejemplo, tienen mucha vitamina C. ¿Te gustan las ensaladas de frutas? Una ensalada deliciosa de uvas y manzanas con crema es fácil de preparar.	1 ½ taza (*cup*) cada día
Verduras	Las verduras son muy ricas en nutrientes. Tienen muchas vitaminas diferentes y tienen fibra (*fiber*). Debes comer verduras de todos los colores. Una sopa de verduras es una buena opción.	2 tazas cada día
Proteínas	Las carnes, el pollo y el pescado están en el grupo de las proteínas. El jamón, el tocino y las salchichas son carnes pero no son saludables. Para las personas que no comen carne, las semillas (*seeds*), los huevos y las nueces (*nuts*) también son proteínas.	2 porciones, de 2 a 3 onzas, cada día
Carbohidratos	Los cereales, el pan y los espaguetis tienen carbohidratos. Los carbohidratos son excelentes para la energía.	1 ½ taza cada día
Productos lácteos	El calcio de la leche, el yogur y el queso es importante para la salud de los huesos (*bones*). Todos los lácteos son fuentes (*sources*) de proteína también.	2 o 3 tazas cada día
Grasas	Las grasas no son un grupo nutricional, pero son necesarias para una dieta balanceada. Pero comer muchas grasas no es bueno porque tienen muchas calorías.	Con moderación

"Un sándwich perfecto tiene lechuga, tomate y un poco de pollo. Con un jugo de naranja y una porción de frutas y de verduras, completas un almuerzo ideal. ¡A comer!"

Un almuerzo saludable

Tema 3

Vocabulario y comprensión

1. **Vocabulario**   Read this quote from the reading: "*Tú necesitas comer de todos los grupos nutricionales para estar saludable.*" [line 2] Which of the following words helps you to understand "*saludable*"?

   A sal

   B salud

   C sala

   D ensalada

2. **Vocabulario**   How do the words "*leche, queso, yogur*" help you understand the term "*productos lácteos*" as it relates to a food group?

   A These three foods are dairy products.

   B These three foods are healthy.

   C These foods are necessary each day.

   D They all are a source of protein.

3. **Vocabulario**   Read this sentence from the text: "*Los excesos en la comida son malos y causan problemas de salud.*" [line 6] Which concept below best describes the meaning of "*excesos*" in this context?

   A causar problemas

   B comidas malas

   C comer con moderación

   D comer mucho

4. **Ideas clave y detalles**   Which response best summarizes the purpose of this selection?

   A A balanced diet helps you lose weight.

   B A balanced diet leads to a healthy life.

   C A balanced diet is rich in calcium and vitamin C.

   D A balanced diet is really boring.

Tema 3

Vocabulario y comprensión (continuación)

5. **Ideas clave y detalles** Based upon the information in the reading selection, what can a vegetarian eat as a substitute for animal protein?

    A aceites y grasas

    B verduras y frutas

    C semillas y nueces

    D tocino y salchichas

6. **Ideas clave y detalles** How does the quote "*Un sándwich perfecto tiene lechuga, tomate y un poco de pollo. Con un jugo de naranja y una porción de frutas y de verduras, completas un almuerzo ideal*" reflect the main idea of the selection?

    A It describes how delicious a sandwich can be.

    B It shows no variety or control in a diet.

    C It describes how orange juice is better than soda.

    D It is an example of a well-balanced meal.

Tema 3   La comida: Lectura 2

El ejercicio, la salud y los jóvenes

1 *Por Vinicio Martínez, estudiante del cuarto año, Colegio Panamericano*

La actividad física es una parte importante de una rutina saludable.
5 Para tener energía y mantener tu cuerpo en forma, es necesario hacer ejercicio todos los días. El problema es que muchos de nosotros no hacemos suficiente ejercicio y somos sedentarios.

10 En un día típico pasamos mucho tiempo sentados (*seated*). Nosotros estamos sentados en la escuela y luego (*then*) pasamos mucho tiempo delante de una pantalla. Usamos la computadora, vemos
15 televisión o usamos los videojuegos. Según el sitio web **FIT.WebMD.com**, el tiempo que un chico pasa delante de una pantalla ha aumentado (*has increased*) a 7 horas por día. Para unos chicos, la obesidad es una
20 consecuencia de este aumento.

Para no tener problemas de peso o de salud, necesitamos incorporar ejercicio en la rutina. Debemos hacer un mínimo de 60 minutos de ejercicio todos los días.
25 Aquí hay unas sugerencias:

Caminar más: Debes caminar un poco todos los días. Puedes (*You can*) caminar a la escuela o después de clases.

Practicar un deporte: Hay deportes en
30 las escuelas o la comunidad para chicos y chicas. Si (*If*) practicas un deporte o actividad con amigos, es más divertido. También puedes hacer actividades como montar en bicicleta, nadar o correr.

35 **Levantar pesas:** Hacer ejercicio con pesas es una buena actividad física para chicos y chicas que tienen 14 años o más. Es un buen ejercicio para la salud de los músculos y los huesos. Hay escuelas
40 secundarias que ofrecen clases para este ejercicio.

Piensa en (*Think about*) tu rutina y las recomendaciones. ¿Debes hacer más ejercicio o haces suficiente? Si necesitas
45 más información, el colegio va a organizar una Feria de Salud la próxima semana.

Jugar al tenis es un ejercicio bueno.

Tema 3

Vocabulario y comprensión

1. **Vocabulario**   The phrase *"actividad física"* is used in the selection *El ejercicio, la salud y los jóvenes*. Which of the following words in the reading can be considered the closest in meaning?

   A ejercicio

   B energía

   C correr

   D salud

2. **Vocabulario**   Write the English cognate for the following Spanish words in the text.

   A sedentario   _____

   B obesidad   _____

   C incorporar   _____

   D rutina   _____

3. **Ideas clave y detalles**   According to the selection, what is one reason that students today do not get enough exercise?

   A Students spend most of their day seated in school.

   B Students spend too much time seated in front of some kind of screen.

   C Students get rides to school instead of walking or riding bikes.

   D Not enough students participate in organized sports.

4. **Ideas clave y detalles**   Which of the following is **NOT** a recommendation in the text for increasing physical activity?

   A Debes caminar un poco todos los días.

   B Necesitamos incorporar ejercicio en la rutina.

   C Piensa en (*Think about*) tu rutina y las recomendaciones.

   D Puedes hacer actividades como montar en bicicleta, nadar o correr.

Tema 3

Vocabulario y comprensión (continuación)

5. Ideas clave y detalles   Which of the following best reflects the main idea of the selection?

    A Increased use of technology affects student's physical activity.

    B Walking more is a way to add physical activity to a daily routine.

    C The most important benefit of exercising is to not gain weight.

    D Exercise needs to be part of a daily routine for better health.

6. Composición y estructura   Why does the author use *"nosotros"* to convey his message?

    A to accurately present facts and issues

    B to engage and relate to the reader

    C to relate a personal account to others

    D to tell a story about modern issues

Nombre _____   Fecha _____

Tema 3   La comida: Integración de ideas

Escribir

Write a paragraph in Spanish in which you agree or disagree with the following statement:
Es difícil mantener la salud. No tengo tiempo para comer bien o hacer ejercicio.
Cite evidence from both readings and from your experience to support your response.

_____

_____

_____

_____

_____

Writing Task Rubric

	Score: 1 Does not meet expectations	Score: 3 Meets expectations	Score: 5 Exceeds expectations
Completion of task	Does not complete the task within context of the topic.	Partially completes the task within context of the topic.	Effectively completes the task within context of the topic.
Use of evidence	Student presents no evidence from either selection to support response.	Student presents evidence from only one selection to support response.	Student presents evidence from both selections to support response.
Comprehensibility	Student's ideas are unclear and are difficult to understand.	Student's ideas are somewhat clear and coherent and fairly well understood.	Student's ideas are clear, coherent, and easily understood.
Language use	Very little variation of vocabulary use with many grammatical errors.	Limited usage of vocabulary with some grammatical errors.	Extended use of a variety of vocabulary with very few grammatical errors.
Fluency	Uses simple sentences or fragments.	Uses complete but simple sentences.	Uses a combination of simple and complex sentences.

Nombre _____   Fecha _____

Tema 3 — La comida: Integración de ideas (continuación)

Hablar y escuchar

Work with a small group to create a survey for your classmates asking about the food they like to eat and the exercise they get in a typical week. Refer to the food chart and the exercise blog in the readings as you write your questions. Have your classmates complete the survey and study the results together in your group. How do your classmates' responses compare to the information in the readings? Create a visual to organize the survey results. Present your group's findings to the class, with your conclusions and recommendations.

Presentational Speaking Task Rubric

	Score: 1 Does not meet expectations	Score: 3 Meets expectations	Score: 5 Exceeds expectations
Completion of task	Does not complete the task within context of the topic.	Partially completes the task within context of the topic.	Effectively completes the task within context of the topic.
Use of evidence	Student presents no evidence from either selection to support response.	Student presents evidence from only one selection to support response.	Student presents evidence from both selections to support response.
Comprehensibility	Student's ideas are unclear and are difficult to understand.	Student's ideas are somewhat clear and coherent and fairly well understood.	Student's ideas are clear, coherent, and easily understood.
Language use	Very little variation of vocabulary use with many grammatical errors.	Limited usage of vocabulary with some grammatical errors.	Extended use of a variety of vocabulary with very few grammatical errors.
Use of visuals in presentation	Student does not include visual support in the presentation.	Student uses visual support that is somewhat difficult to understand, incomplete, and/or inaccurate.	Student uses visual support that is easy to understand, complete, and accurate.

Tema 4 — Los pasatiempos: Lectura 1

Guía del ocio

Para este fin de semana en Barcelona

▶ Cine

Lugar (*Location*): Cine Cinesa en el Centro Comercial Diagonal Mar

Película de la semana:
Thor ★★
Género: Acción/Fantasía
Horas: 16:15, 19:00, 22:00

Otras películas:
Pacto de silencio ★★
Género: Drama
Horas: 12:00, 16:10, 19:05, 22:10

Somos los Miller ★★★
Género: Comedia
Horas: 16:30

Turbo ★★★★
Género: Animación
Horas: 12:00, 14:05, 16:10

Epic: El mundo secreto en 3D ★★★★
Género: Animación
Horas: 19:15, 22:00

▶ Conciertos

Concierto de la semana:
The Wanted
Banda de música británica
Tipo de música: Pop
Lugar: Razzmatazz, Salón 1
Hora: 19:30

Otros conciertos:
Su Ta Gar
Grupo español del País Vasco
Tipo de música: Heavy metal
Lugar: Razzmatazz, Salón 2
Hora: 20:00

Amkor
Solista español de 23 años
Tipo de música: Hip-Hop
Lugar: Razzmatazz, Salón 3
Hora: 20:00

Orquesta Sinfónica de Barcelona y Nacional de Catalunya
Presenta la Sinfonía Alpina de Strauss
Tipo de música: Clásica
Lugar: Auditori
Día/Hora: V: 20:00, S: 19:00, D: 11:00

Alba Carmona
Presentación de danza y canto
Tipo de música: Flamenco
Lugar: Teatre Auditori Sant Cugat
Hora: 21:00

▶ Restaurantes

Restaurante Barceloneta
Comida del mar (*Seafood*) catalana y del Mediterráneo
Horas: de 13:00 a 00:00

Café Salambó
Comida europea: ensaladas, tapas, café
Horas: de 13:00 a 16:00 y de 21:00 a 01:00

Vocabulario y comprensión

1. **Vocabulario**   For each movie there is an entry for "*Género*," such as "*Género: Animación*" and "*Género: Comedia*." What does this reference tell you about each film?

   A refers to the kind or type of movie

   B describes how the movie is made

   C tells what audience age is appropriate for the movie

   D gives a critic's opinion

2. **Vocabulario**   Many of the words used to describe the movies listed in the "*Guía del ocio*" are cognates. Give the English word or words that describe each movie.

   A *Somos los Miller* _____

   B *Thor* _____

   C *Turbo* _____

   D *Pacto de silencio* _____

3. **Vocabulario**   The Alba Carmona presentation is being held at the *Teatre Auditori Sant Cugat*. This name is in Catalan. Catalan and Spanish are both official languages in Barcelona. If you were attending this concert, where would you be going?

   A to an arena

   B to a school auditorium

   C to a theater

   D to a stadium

4. **Ideas clave y detalles**   The title of the reading is "*Guía del ocio*." Based on the information provided in the text, what would be a similar title in English?

   A List of Activities

   B Music, Movies, and Sports

   C Entertainment Guide

   D Guide to Daytime Activities

Vocabulario y comprensión (continuación)

5. **Ideas clave y detalles**   Imagine that a group of friends would like to attend a concert this weekend. They can only go to one place, but not everyone likes the same type of music. Where should they go, based on the information in "*Guía del ocio*"?

    A Teatre Auditori Sant Cugat

    B Razzmatazz

    C Auditori

    D Cine Cinesa

6. **Ideas clave y detalles**   While visiting Barcelona, a tourist would like to hear traditional Spanish music. Which of the following concerts would she **most likely** go to?

    A Orquesta Sinfónica de Barcelona

    B Amkor

    C The Wanted

    D Alba Carmona

7. **Ideas clave y detalles**   What movie would you choose if you were taking a 7-year-old to a matinee?

    A *Somos los Miller*

    B *Turbo*

    C *Thor*

    D *Epic: El mundo secreto en 3D*

Tema 4 — Los pasatiempos: Lectura 2

¿Dónde puedes hacer deporte en tu tiempo libre?

1 ¿Te gusta correr, jugar al tenis, nadar o andar en bicicleta? En Barcelona puedes practicar el deporte en centros atléticos o al aire libre (*outdoors*).

5 **Correr y andar**

Si (*If*) quieres ir a caminar en el campo con tus amigos, puedes participar en las caminatas *Naturtresc* para explorar los lugares (*places*) naturales de Cataluña.
10 Un evento, la *Caminata Internacional de Barcelona*, es una caminata anual que dura (*lasts*) dos días. Caminas 20 ó 30 km por día. Si te gusta correr con otras personas, existen clubes en los gimnasios o grupos
15 en los parques y otros lugares públicos.

Deportes en el mar

Surfear: Puedes surfear en la playa de Barceloneta en Barcelona cuando las condiciones son perfectas. Generalmente el
20 mar Mediterráneo es tranquilo y no tiene olas (*waves*) muy grandes, pero la playa de Masnou está cerca de Barcelona y tiene olas excelentes.

Windsurf y kitesurf: En Barcelona hay
25 escuelas que ofrecen clases de estos deportes. Muchas personas van a las playas de Cabrera de Mar, 24 km al norte (*north*) de Barcelona, o Castelldefels, a 25 minutos del centro de Barcelona, para practicar el *kitesurf*.
30 No se permite practicar los deportes acuáticos como el *windsurf* y el *kitesurf* en las playas de Barcelona de junio a septiembre porque hay muchas personas que están en las playas.

35 **Natación**

Para las personas que quieren nadar, hay muchas piscinas públicas en Barcelona. Durante el verano todas las personas pueden nadar en la Piscina Municipal de
40 Montjuïc, la instalación deportiva renovada (*rebuilt*) para las Olimpiadas de 1992.

Deportes en bicicleta

Puedes montar en bici en la ciudad de Barcelona o en el campo. La bicicleta de
45 montaña es el tipo de bicicleta ideal para viajes por la montaña o el campo. Hay rutas de bicicleta para todos los niveles (*levels*) cerca de Barcelona.

Deportes acuáticos en las playas cerca de Barcelona, España

Muchos jóvenes montan bicicleta en Barcelona, España.

Tema 4

Vocabulario y comprensión

1. **Vocabulario**   Read this sentence from the text: *"Si quieres ir a caminar en el campo con tus amigos, puedes participar en las caminatas Naturtresc para explorar los lugares naturales de Cataluña."* [line 6] Which word in the sentence best helps you understand the meaning of "caminatas"?

   A naturales

   B ir

   C participar

   D caminar

2. **Vocabulario**   What can you infer from the name *"Piscina Municipal de Montjuïc"* based on the context in the section titled *"Natación"*?

   A You need to belong to a club to swim in this pool.

   B The pool is private and you have to pay to swim here.

   C The pool is public and open to anyone in the city.

   D Only people that are able to swim can go to this pool.

3. **Ideas clave y detalles**   Which of the following subheads would also be appropriate for the section of the reading titled *"Deportes en el mar"*?

   A Deportes de verano

   B Deportes acuáticos

   C Deportes de invierno

   D Deportes del surf

4. **Ideas clave y detalles**   Based on the reading selection, a visitor to Barcelona in July could expect to practice many different sports *except:*

   A nadar

   B *kitesurf*

   C correr

   D montar en bicicleta

5. **Ideas clave y detalles**   How does the introduction provide clues to the context of the reading selection?

   A It lists several sports and activities.

   B It tells about the city of Barcelona.

   C It asks the reader what sports he or she enjoys.

   D It describes where you can go to practice sports in Barcelona.

Tema 4   **Los pasatiempos: Lectura 3**

De: Beto Camacho
A: Eduardo Rosero
Asunto: Voy a Barcelona

1   Oye Eduardo, ¿cómo estás?

   Tengo buenas noticias… voy a ir a Barcelona este fin de semana. Tengo que hacer varias cosas con mi familia, pero me gustaría pasar mi tiempo libre contigo. ¿Por qué no hacemos algo divertido? Quiero estar al aire libre (*outdoors*) y conocer (*to know*) Barcelona mejor.

5   ¿Te gustaría hacer deporte conmigo? ¿Quieres ir a nadar o surfear? No juego al fútbol u otros deportes de equipo (*team*). Prefiero algo que puedo hacer solo o con un amigo o amiga. Si no quieres hacer ejercicio el sábado, vamos a hacer otra cosa (*something else*). Hmmm… ¡Tengo una idea genial! ¿Toca algún grupo de pop el sábado? Me gustaría ir a un concierto de pop. Y luego, vamos a un restaurante para comer. Si no estamos muy

10 cansados el domingo, podemos montar en bicicleta. ¿Hay un lugar para alquilar (*rent*) unas bicicletas de montaña? Me gustaría subir la montaña de Montjuïc. ¿Te gusta la idea?

   Tu amigo,
   Beto

Vocabulario y comprensión

1. **Ideas clave y detalles**   What kind of sports does Beto say he prefers in his e-mail?

   A team sports

   B individual sports

   C sports you play with a small group

   D sports you play indoors

2. **Ideas clave y detalles**   What does Beto mean by the lines: "*¡Tengo una idea genial! ¿Toca algún grupo de pop el sábado?*"? (line 8)

   A Beto is great and likes pop music.

   B Beto has great ideas, but is not sure he wants to go to a pop concert.

   C Beto thinks it is a great idea to go to a pop concert.

   D A really great pop group is playing in concert on Saturday.

3. **Ideas clave y detalles**   What is Beto's main reason for sending an e-mail to Eduardo?

   A to keep in touch

   B to tell him about his family's trip to Barcelona

   C to tell him about his favorite sports

   D to make plans with him for the weekend

4. **Ideas clave y detalles**   Which sentence from Beto's e-mail **best** describes a reason for suggesting the kinds of activities he would like to do with Eduardo?

   A "¿Por qué no hacemos algo divertido?"

   B "Quiero estar al aire libre y conocer Barcelona mejor."

   C "Prefiero algo que puedo hacer solo o con un amigo o amiga."

   D "Me gustaría ir a un concierto de pop."

Vocabulario y comprensión (continuación)

5. **Ideas clave y detalles** Based on Beto's e-mail, which of the following activities do you think he and Eduardo might do when he gets to Barcelona?

   A nadar en una piscina, montar en bicicleta, ver una película

   B surfear en el mar, jugar al fútbol, ver una banda de pop

   C nadar en el mar, ver una banda de pop, montar en bicicleta

   D surfear y nadar en el mar, jugar al voleibol

Tema 4 — Los pasatiempos: Integración de ideas

Escribir

Imagine that you are Eduardo and respond to Beto's e-mail. Use the information from his e-mail and the first two reading selections to make suggestions about where to go and what to do.

_____

_____

_____

_____

_____

_____

_____

Writing Task Rubric

	Score: 1 Does not meet expectations	Score: 3 Meets expectations	Score: 5 Exceeds expectations
Completion of task	Does not complete the task within context of the topic.	Partially completes the task within context of the topic.	Effectively completes the task within context of the topic.
Use of evidence	Student presents no evidence from the selections to support response.	Student presents evidence from two selections to support response.	Student presents evidence from all three selections to support response.
Comprehensibility	Student's ideas are unclear and are difficult to understand.	Student's ideas are somewhat clear and coherent and fairly well understood.	Student's ideas are clear, coherent, and easily understood.
Language use	Very little variation of vocabulary use with many grammatical errors.	Limited usage of vocabulary with some grammatical errors.	Extended use of a variety of vocabulary with very few grammatical errors.
Fluency	Uses simple sentences or fragments.	Uses complete but simple sentences.	Uses a combination of simple and complex sentences.

Nombre _____   Fecha _____

Tema 4

Los pasatiempos: Integración de ideas (continuación)

Hablar y escuchar

Work with a partner. Imagine that you and your partner are going to be in Barcelona for four days and will be meeting up with Beto once at some point in the weekend. Work together to develop a daily list of leisure activities you would both like to do while you are there. Create a visual of your list to support a presentation of your plans to the class. Be sure to provide as many details as you can. Include information from all three readings.

Presentational Speaking Task Rubric

	Score: 1 Does not meet expectations	Score: 3 Meets expectations	Score: 5 Exceeds expectations
Completion of task	Does not complete the task within context of the topic.	Partially completes the task within context of the topic.	Effectively completes the task within context of the topic.
Use of evidence	Students present no evidence from the selections to support response.	Students present evidence from only one or two selections to support response.	Students present evidence from all three selections to support response.
Comprehensibility	Students' ideas are unclear and difficult to understand.	Students' ideas are somewhat clear and coherent and fairly well understood.	Students' ideas are clear, coherent, and easily understood.
Language use	Very little variation of vocabulary use with many grammatical errors.	Limited usage of vocabulary with some grammatical errors.	Extended use of a variety of vocabulary with very few grammatical errors.
Use of visuals in presentation	Students do not include visual support in the presentation.	Students use visual support that is somewhat difficult to understand, incomplete, and/or inaccurate.	Students use visual support that is easy to understand, complete, and accurate.

Nombre _____   Fecha _____

La familia Johnston: Karina

1 Karina Johnston tiene 14 años y es una adolescente típica. Le encanta escuchar música pop, ir de compras y jugar con su "teléfono inteligente". Vive 5 cerca de Cleveland, Ohio, con su madre, su padre y su hermano gemelo, Daniel. Pero, muchas veces, Karina no se siente (*doesn't feel*) típica. Su madre es de Cuzco, Perú, pero su padre es de Cleveland. 10 Karina y Daniel son biculturales, tienen tradiciones estadounidenses y peruanas. Los dos hablan inglés, pero Karina no habla muy bien el español. Cuando su familia viaja (*travels*) al Perú, Karina no 15 puede conversar mucho con sus abuelos y tíos. Los primos de Karina estudian inglés y ella habla con ellos en una mezcla (*mix*) de inglés y español.

La familia de Karina se mudó de casa 20 (*moved*) este año. Karina tiene que ir a una escuela nueva y no tiene muchos amigos todavía (*yet*). Ella dice que es difícil hacer amigos porque ella es diferente. Su apariencia es distinta a la de los otros 25 chicos. Karina y Daniel, como su madre, son morenos (*dark-skinned*) y bajos, con pelo castaño y ojos negros. Cuando Karina está con sus primos en Perú está contenta porque ellos se parecen (*look like*) a ella. 30 Pero en la escuela nueva ella se siente (*feels*) diferente. A veces Karina no se siente ni norteamericana ni peruana. Quiere hacer nuevos amigos y ser parte del grupo, pero no es fácil para ella.

35 El cumpleaños de Karina y Daniel es en dos semanas. Van a cumplir 15 años. Es un cumpleaños muy especial para las niñas hispanas. Su madre quiere organizar una fiesta de los quince años para Karina. 40 Quiere hacer la fiesta en un restaurante elegante, con flores, luces, música y baile y con una limusina para ir de la iglesia al restaurante. Pero Karina no quiere hacer nada para su cumpleaños. Cree que los 45 otros chicos no van a tener interés en una fiesta de los quince. Pasa todo su tiempo sola en la casa. ¡Qué pena!

Tema 5

Vocabulario y comprensión

1. **Vocabulario**   Complete the following questions.

Part A: Read this sentence from the text: *"Vive cerca de Cleveland, Ohio, con su madre, su padre y su hermano gemelo, Daniel."* [lines 4–6] The word *"gemelo"* describes the relationship between Karina and Daniel. Based on information in the reading, what does *"gemelo"* mean?

A younger

B older

C half

D twin

Part B: Which excerpt from the text supports your answer in part A?

A "El cumpleaños de Karina y Daniel es en dos semanas. Van a cumplir 15 años."

B "Karina y Daniel son biculturales, tienen tradiciones estadounidenses y peruanas."

C "Karina y Daniel, como su madre, son morenos y bajos."

D "Karina no quiere hacer nada para su cumpleaños."

2. **Ideas clave y detalles**   Karina's mother wants to have an extravagant celebration for Karina's fifteenth birthday. Which detail from the party plans implies that the celebration will be extravagant?

A limusina

B cumpleaños

C flores

D música

Vocabulario y comprensión (continuación)

3. Ideas clave y detalles   Complete the following questions.

Part A: Which of the following words best describes how Karina feels in her new school?

   A feliz

   B sola

   C aburrida

   D sociable

Part B: Which statement from the reading supports your choice?

   A "Su apariencia es distinta a la de los otros chicos."

   B "Le encanta escuchar música pop, ir de compras y jugar con su "teléfono inteligente"."

   C "La familia de Karina se mudó de casa (*moved*) este año."

   D "Quiere hacer nuevos amigos y ser parte del grupo, pero no es fácil para ella."

4. Ideas clave y detalles   Which of the following sentences best describes how Karina feels about being a *"quinceañera"*?

   A She is really excited to turn fifteen.

   B She thinks that nobody will want to come to her party.

   C She hopes that her mother will get a limousine for her and her friends.

   D She wants to have the party at home, and not in a restaurant.

5. Ideas clave y detalles   Which of the following statements about Karina is **NOT** true?

   A She comes from a bicultural family.

   B She does not speak Spanish very well.

   C She feels very connected to her Peruvian heritage.

   D She thinks that she cannot make friends because she is different.

Tema 5　Fiesta en familia: Lectura 2

La familia Johnston: La fiesta de Karina y Daniel

1　¡Hola! Me llamo Daniel Johnston. Voy a tener quince años. Mi cumpleaños es este mes: el 18 de octubre. Comparto mi cumpleaños con

5　mi hermana, Karina. Somos gemelos. Este año es muy importante para ella porque es "quinceañera", pero no quiere tener una fiesta grande. Ella cree que los otros chicos no van a venir. Yo tampoco quiero una

10　fiesta grande. Prefiero ir a jugar *laser tag* y comer pizza, como celebran mis amigos y compañeros. Pero, mi mamá insiste en una fiesta tradicional peruana. Por eso, mis padres van a organizar una fiesta en casa.

15　La fiesta va a ser muy grande. Van a invitar a toda la familia: mis abuelos, tíos y primos estadounidenses, y unas familias de Colombia y Perú que son muy amigos de mis papás. Van a invitar a nuestros

20　amigos de la escuela, también. Karina y yo estamos en una escuela nueva este año y no tenemos muchos amigos todavía, pero mis padres van a invitar a nuestros amigos de la otra escuela. Es una sorpresa para

25　Karina. Su mejor amiga Carolina va a venir.

¡Pobre Karina! Para ella es muy difícil adaptarse en la nueva escuela. No tiene muchas amigas. Ella cree que es porque somos diferentes, pero yo creo que Karina

30　es un poco tímida. Es una chica muy simpática, y yo sé que va a hacer nuevos amigos.

La fiesta es el sábado. Mi madre va a preparar mucha comida. Va a preparar

35　platos típicos de los Estados Unidos (hamburguesas y perritos calientes) y también platos peruanos (empanadas de carne y ceviche). ¡La comida va a ser muy rica! Mamá va a preparar postres típicos de

40　Perú, como gelatina y mazamorra morada, y también va a hacer el pastel de cumpleaños. Mis papás van a decorar las casa con globos y luces y vamos a romper una piñata en forma de gato (el animal favorito de Karina).

45　En las fiestas mi mamá y sus amigos siempre ponen música latinoamericana para bailar. No va a ser una celebración estadounidense típica, pero sí va a ser totalmente divertida. ¡Feliz cumpleaños!

Los regalos, las decoraciones y el pastel para la fiesta de cumpleaños

Tema 5

Vocabulario y comprensión

1. **Vocabulario**   Based on what you read in the text, what type of dish is *"mazamorra morada"*?

   A un plato principal de los Estados Unidos

   B un plato principal de Perú

   C un postre de los Estados Unidos

   D un postre de Perú

2. **Vocabulario**   Based on what you read in the text, which of the following foods is something that people in Peru would have for lunch or dinner?

   A la mazamorra

   B la gelatina

   C el ceviche

   D el helado

3. **Ideas claves y detalles**   What kind of party does Daniel prefer that his parents organize?

   A una fiesta típica peruana

   B una fiesta con pizza y *laser tag*

   C una fiesta típica de los quince años

   D una fiesta con música y baile

Vocabulario y comprensión (continuación)

4. **Ideas clave y detalles**   Complete the following questions.

   Part A: How does Daniel think that Karina will feel at the party?

   A contenta

   B triste

   C tímida

   D mayor

   Part B: Which excerpt from the text provides a detail to support your choice?

   A "Es una chica muy simpática, y yo sé que va a hacer nuevos amigos."

   B "Es una sorpresa para Karina. Su mejor amiga Carolina va a venir."

   C "Ella cree que los otros chicos no van a venir."

   D "Comparto mi cumpleaños con mi hermana, Karina."

5. **Integración de conocimientos**   Based on what you read in both texts, which of the following sentences about Daniel and Karina is true?

   A Daniel is older than Karina, but they have the same birthday.

   B All Karina and Daniel's cousins from Colombia are coming to the birthday party.

   C Karina has a less positive attitude about their birthday than Daniel does.

   D Karina and Daniel are disappointed that they cannot celebrate their birthday by playing laser tag.

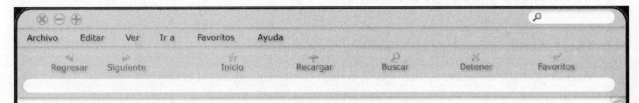

Tema 5   **Fiesta en familia: Lectura 3**

Consejos (*Advice*) para las familias biculturales

1   Con más frecuencia, las familias modernas son biculturales. Hay beneficios cuando más de una cultura está representada en una familia. Los hijos de una familia bicultural tienen una perspectiva global y una buena comprensión de otras personas. Los miembros de la familia bicultural muchas veces hablan más

5 de un idioma y los beneficios de ser bilingüe son numerosos. Pero, también hay momentos difíciles para la familia bicultural. A veces los hijos se sienten (*feel*) diferentes a los otros chicos. Se sienten que están entre (*between*) dos culturas y no saben (*don't know*) con qué cultura identificarse. Si usted tiene una familia bicultural, lea (*read*) esta lista de sugerencias con sus hijos y hable sobre ellas con

10 su familia.

- Enseñar a sus hijos los valores y las tradiciones de las dos culturas
- Vivir (*Live*) en un área diversa
- Hablar los idiomas de las dos culturas con sus hijos
- Hablar de forma positiva de la cultura de su familia

15
- Tener música, juegos, libros y arte de las dos culturas en la casa
- Preparar platos tradicionales de las dos culturas en la casa
- Tener contacto con familia y amigos de las dos culturas
- Enseñar a sus hijos cómo reaccionar positivamente a los comentarios negativos sobre su raza o cultura

20
- Respetar que sus hijos van a querer integrarse a la cultura donde viven y ayudarlos (*help them*) a adoptar esta cultura mientras mantienen (*while maintaining*) la otra

Tema 5

Fecha _____

Vocabulario y comprensión

1. **Vocabulario**   Complete the following questions.

   Part A: When someone is *"bilingüe"*, which of the following is true?

   A Es parte de una familia bicultural.

   B Habla inglés en casa.

   C Se identifica con dos culturas.

   D Habla dos idomas.

   Part B: Which of the words below are **NOT** *"idiomas"*? Choose **two**.

   A español

   B peruano

   C inglés

   D americano

2. **Vocabulario**   Read this advice from the text: *"Vivir en un área diversa."* [line 12] What evidence from Daniel's narrative shows that they live in a diverse area?

   A Van a invitar a personas de Perú y Colombia.

   B Van a invitar a chicos de dos escuelas.

   C Van a invitar a tíos, primos y abuelos.

   D Van a invitar a Carolina.

3. **Ideas clave y detalles**   Read this recommendation from the list: *"Hablar los idiomas de las dos culturas con sus hijos."* [line 13] Which statement from the text explains the reason for this advice.

   A "Los hijos de una familia bicultural tienen una perspectiva global."

   B "Los beneficios de ser bilingüe son numerosos."

   C "Se sienten que están entre dos culturas."

   D "Deben tener contacto con familia y amigos de las dos culturas."

Vocabulario y comprensión (continuación)

4. Ideas clave y detalles   What is the purpose of this text?

    A to talk about the benefits of bilingualism

    B to define the term *bicultural family*

    C to talk about the practices of different cultures

    D to give advice to parents of bicultural children

5. Integración de conocimientos   In the two readings about Karina and Daniel, there are actions by their parents that illustrate much of the advice from this article. Which of the following suggestions is not illustrated in the stories?

    A Enseñar a sus hijos cómo reaccionar positivamente a los comentarios negativos sobre su raza o cultura

    B Preparar platos tradicionales de las dos culturas en la casa

    C Enseñar a sus hijos los valores y las tradiciones de las dos culturas

    D Tener contacto con familias y amigos de las dos culturas

Tema 5 — Fiesta en familia: Integración de ideas

Escribir

How do you think Karina and Daniel's birthday party turns out? Imagine that you are one of the American cousins. Using the readings for information, describe the party and the food. What do you like about being at a bicultural party? Is there anything you don't like? Mention two pieces of advice from the article about bicultural families that the Johnstons followed when they threw this party.

_____

_____

_____

_____

_____

Writing Task Rubric

	Score: 1 Does not meet expectations	Score: 3 Meets expectations	Score: 5 Exceeds expectations
Completion of task	Does not complete the task within context of the topic.	Partially completes the task within context of the topic.	Effectively completes the task within context of the topic.
Use of evidence	Student presents no evidence from the selections to support response.	Student presents evidence from only one or two selections to support response.	Student presents evidence from all three selections to support response.
Comprehensibility	Student's ideas are unclear and are difficult to understand.	Student's ideas are somewhat clear and coherent and fairly well understood.	Student's ideas are clear, coherent, and easily understood.
Language use	Very little variation of vocabulary use with many grammatical errors.	Limited usage of vocabulary with some grammatical errors.	Extended use of a variety of vocabulary with very few grammatical errors.
Fluency	Uses simple sentences or fragments.	Uses complete but simple sentences.	Uses a combination of simple and complex sentences.

Tema 5   Integración de ideas (continuación)

Hablar y escuchar

Work with a partner. Choose a member of the Johnston family: Karina, Daniel, or their mother. Use the information from *Lecturas 1* and *2* to identify two problems that each person is having. Then, discuss advice you could give to solve their problems based on information from *Lectura 3*. Present the problems and your solutions to the class.

Presentational Speaking Task Rubric

	Score: 1 **Does not meet expectations**	**Score: 3** **Meets expectations**	**Score: 5** **Exceeds expectations**
Completion of task	Does not complete the task within context of the topic.	Partially completes the task within context of the topic.	Effectively completes the task within context of the topic.
Use of evidence	Student presents no evidence from the selections to support response.	Student presents evidence from only one or two selections to support response.	Student presents evidence from all three selections to support response.
Comprehensibility	Student's ideas are unclear and difficult to understand.	Student's ideas are somewhat clear and coherent and fairly well understood.	Student's ideas are clear, coherent, and easily understood
Language use	Very little variation of vocabulary use with many grammatical errors.	Limited usage of vocabulary with some grammatical errors.	Extended use of a variety of vocabulary with very few grammatical errors.

Tema 6   La casa: Lectura 1

Casas tradicionales de México

1 Una casa de adobe es la casa tradicional de México y representa la arquitectura típica del 5 período colonial (1521–1821). Este tipo de casa es de materiales naturales como el adobe y la madera (*wood*). Las paredes son 10 de adobe con cal (*lime*) y pueden ser blancas, el color natural de la cal o de otro color. La casa de adobe es un estilo de arquitectura 15 popular y práctico en México y en otras regiones donde hace calor y el clima es seco (*dry*).

> "La arquitectura popular de México es más que una tradición folklórica; es una fiesta de color en las paredes y los muebles."

Tlacotalpan: ciudad
20 **histórica de colores**

Los colores vivos, como el verde, el rojo y el azul, también son típicos de las casas tradicionales y 25 la arquitectura popular de México. Por ejemplo, la ciudad (*city*) de Tlacotalpan en el estado (*state*) de Veracruz, es 30 famosa por su arquitectura típica mexicana y las casas multicolores. Muchas casas son de un piso y tienen paredes de adobe con 35 techos de teja (*tile roofs*). En los exteriores de las casas, las paredes, las ventanas y pórticos (*portals*) son de colores brillantes como 40 el rojo, el azul vivo, el amarillo y el anaranjado, o de colores pastel como el rosado y el azul celeste.

Estas casas tienen una 45 variedad de colores en el interior también. Las paredes están pintadas (*painted*) de colores y hay cerámicas de diferentes 50 colores en las paredes y los pisos. Los muebles típicos son de madera (*wood*) y también están pintados de colores vivos. Los colores 55 dan alegría (*happiness*) a las casas y preservan la tradición de la decoración de estilo mexicano.

Exterior típico de las casas de Tlacotalpan

Vocabulario y comprensión

1. **Vocabulario** Read this sentence from the text: "*La arquitectura popular de México es más que una tradición folklórica; es una fiesta de color en las paredes y los muebles.*" Which of the following is most similar to the expression "*arquitectura popular*"?

    A arquitectura histórica

    B arquitectura típica

    C arquitectura práctica

    D arquitectura de muchos colores

2. **Vocabulario** Read this sentence from the text: "*Los colores vivos, como el verde, el rojo y el azul, son típicos de las casas tradicionales y la arquitectura popular de México.*" [line 21] Which of the following is most similar to the word "*vivos*" based on its use in the selection "*Casas tradicionales de México*"?

    A brillantes

    B pastel

    C naturales

    D típicos

3. **Ideas clave y detalles** Complete the following questions.

Part A: Which of the following word groups best helps to understand the description of "*la casa típica de adobe*" in the first paragraph?

    A multicolor, natural, cal

    B techos, paredes, muebles

    C calor, clima, seco

    D ciudad, moderna, negra

Part B: Which of the following best summarizes the purpose of the first paragraph of "*Casas tradicionales de México*"?

    A to describe the climate in Mexico

    B to relate the history of homes in Mexico

    C to describe an adobe house

    D to compare architectural styles in Mexico

Vocabulario y comprensión (continuación)

4. **Ideas clave y detalles**   Based on the information in the reading selection "*Casas tradicionales de México*", which of the following describes the best weather conditions for an adobe house?

   A rain

   B little rain

   C high humidity

   D snow

5. **Ideas clave y detalles**   Based on the reading selection, a visitor to Tlacotalpan could expect to learn about which **two** of the following concepts?

   A the use of color in the interior and exterior of homes

   B an understanding of Mexican architecture from the colonial era to the present

   C how furniture reflects the colors of the walls

   D traditional Mexican architectural features appropriate for modern homes

Tema 6   La casa: Lectura 2

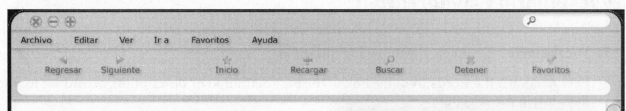

La casa típica de Frida Kahlo

1   En Coyoacán, en la Ciudad de México, hay una casa famosa. La casa tiene un aspecto pintoresco por el exterior multicolor. Las paredes son de color
5   azul brillante. Las puertas y las ventanas son de color verde con rojo. Entra a la casa y pasa al patio principal y aquí, en una pared azul, están las palabras "Frida y Diego vivieron (*lived*) en esta
10   casa 1929–1954". Esta casa es de la artista Frida Kahlo y su familia, y más tarde, de ella y del pintor Diego Rivera. Hoy su casa y todos sus objetos personales forman el Museo Frida Kahlo.

15   Los cuartos principales de la casa forman parte del museo y conectan a un patio central donde hay árboles (*trees*), plantas y cerámicas prehispánicas. Todo en el museo refleja la vida (*life*), la personalidad y el trabajo artístico de Frida.

        La cocina está en la primera planta y tiene paredes blancas que están decoradas
20   con cerámica de colores azul y amarillo. El piso, una mesa grande de madera y los estantes de las paredes son todos de color amarillo brillante. Hay utensilios para cocinar y artesanías de cerámica mexicanas encima de la mesa y los estantes.

        El comedor es grande y con mucha luz. Tiene dos puertas grandes con ventanas que abren al patio. Las puertas son verdes y el piso y los muebles son amarillos.
25   Las paredes son blancas como las paredes de la cocina.

        En la segunda planta están los cuartos de Frida. La recámara de noche de Frida tiene las paredes blancas y una cama grande. El cuarto también tiene un escritorio, una cómoda y un armario pequeño y hay fotos y cuadros que están en las paredes. Al lado de la recámara de noche está la recámara de día de Frida. Es más pequeña,
30   pero también tiene una cama. Otro cuarto en la segunda planta es el estudio de Frida. El estudio tiene los materiales que ella usaba (*used*) para pintar. Aquí también hay artesanías mexicanas y su colección de libros.

Vocabulario y comprensión

1. **Vocabulario**   Complete the following questions.

   Part A: Match the words from the box to the best definition or description, according to their use in the selection.

artesanía   arte   artista   artístico

   _____ **A** las pinturas de Frida Kahlo

   _____ **B** persona que pinta o dibuja como Frida Kahlo o Diego Rivera

   _____ **C** describe la personalidad de Frida

   _____ **D** objeto de casa como platos o muebles, hecho a mano y típico de una cultura

   Part B: Look at the words again in the box in Part A. Write the Spanish root word.

   Root word: _____

2. **Vocabulario**   Which of the following word or words is most similar to the word "*pintoresco*" [line 3] in the first paragraph of the selection?

   A grande

   B divertido y gracioso

   C popular

   D artístico y colorido

3. **Vocabulario**   Complete the following questions.

   Part A: Read this sentence from the text: "*La recámara de noche de Frida tiene las paredes blancas y una cama grande.*" [lines 26–27] Which of the following words best helps you understand the meaning of "*recámara*"?

   A paredes   **B** espejo

   C techo   **D** cama

   Part B: Which of the following words could best replace "*recámara*"?

   A cocina   **B** dormitorio

   C patio   **D** estudio

Tema 6

Fecha _____

Vocabulario y comprensión (continuación)

4. **Integración de conocimientos** Frida Kahlo's home in Coyoacán is similar to the description of "*las casas típicas*" in Tlacotalpan in all the following ways **except:**

   A The exterior walls are brightly colored.

   B The furniture is painted in many different colors.

   C There are two floors.

   D The house is useful and practical.

5. **Ideas clave y detalles** Which of the following best reflects the main idea of the selection "*La casa típica de Frida Kahlo*"?

   A an introduction to the Frida Kahlo Museum

   B how Frida Kahlo's home combines her personal style with traditional Mexican architectural design

   C the use of color and traditional ceramics in museum exhibits

   D the layout and interior design of a traditional Mexican home

Tema 6   **La casa: Integración de ideas**

Escribir

Write a paragraph in Spanish in which you agree or disagree with the following statement:
"La casa de Frida Kahlo en Coyoacán representa una casa típica mexicana." Cite evidence from
both readings to support your response.

_____

_____

_____

_____

_____

_____

_____

_____

_____

Writing Task Rubric

	Score: 1 **Does not meet expectations**	**Score: 3** **Meets expectations**	**Score: 5** **Exceeds expectations**
Completion of task	Does not complete the task within context of the topic.	Partially completes the task within context of the topic.	Effectively completes the task within context of the topic.
Use of evidence	Student presents no evidence from either selection to support response.	Student presents evidence from only one selection to support response.	Student presents evidence from both selections to support response.
Comprehensibility	Student's ideas are unclear and are difficult to understand.	Student's ideas are somewhat clear and coherent and fairly well understood.	Student's ideas are clear, coherent, and easily understood.
Language use	Very little variation of vocabulary use with many grammatical errors.	Limited usage of vocabulary with some grammatical errors.	Extended use of a variety of vocabulary with very few grammatical errors.
Fluency	Uses simple sentences or fragments.	Uses complete but simple sentences.	Uses a combination of simple and complex sentences.

Tema 6   La casa: Integración de ideas (continuación)

Hablar y escuchar

Work with a partner or small group to design and present a typical Mexican house. Be sure to address the following in your design: exterior and interior rooms, design elements, colors, and items for decoration. In your presentation, be sure to explain how your house represents a typical Mexican house and cite the evidence from the readings that you used to make the decisions.

Presentational Speaking Task Rubric

	Score: 1 Does not meet expectations	Score: 3 Meets expectations	Score: 5 Exceeds expectations
Completion of task	Does not complete the task within context of the topic.	Partially completes the task within context of the topic.	Effectively completes the task within context of the topic.
Use of evidence	Student presents no evidence from either selection to support response.	Student presents evidence from only one selection to support response.	Student presents evidence from both selections to support response.
Comprehensibility	Student's ideas are unclear and are difficult to understand.	Student's ideas are somewhat clear and coherent and fairly well understood.	Student's ideas are clear, coherent, and easily understood.
Language use	Very little variation of vocabulary use with many grammatical errors.	Limited usage of vocabulary with some grammatical errors.	Extended use of a variety of vocabulary with very few grammatical errors.
Use of visuals in presentation	Student does not include visual support in the presentation.	Student uses visual support that is somewhat difficult to understand, incomplete, and/or inaccurate.	Student uses visual support that is easy to understand, complete, and accurate.

| Tema 7 | **De compras: Lectura 1** |

Un día de compras en Cuzco

1   Si te gustan los precios bajos y los descuentos, en Cuzco hay muchas opciones. Las tiendas de ropa no son especiales, pero los mercados (*markets*)
5   pueden ser inolvidables (*unforgettable*).

El mercado de San Pedro debe ser tu primera visita. El mercado está en la Plaza de San Pedro. Es un mercado de comidas con puestos (*stands*) de ropa y
10   joyería. Allí venden suéteres, textiles y otros artículos artesanales a precios muy baratos. ¿El problema? No hay mucha variedad de artículos.

Un comprador intrépido debe visitar

Ropa y textiles en el mercado de Cuzco, Perú

15   El Baratillo, un mercado con muchos compradores y vendedores. Hay todo tipo de baratijas nuevas y de segunda mano. Puedes comprar joyería colonial, textiles tradicionales y artesanías. ¿Te gusta regatear? Entonces debes hacer tus compras aquí, porque los vendedores te permiten negociar los precios.

20   El Centro de Textiles Tradicionales de Cuzco es una organización de artesanos. El Centro tiene una tienda donde venden artículos como suéteres y sombreros de alpaca. Los artículos son caros porque requieren mucho trabajo manual. Hay bolsas, chalecos, carteras y ponchos con diseños típicos de las comunidades indígenas peruanas. Las fajas, un tipo de cinturón (*belt*), son muy populares. El Centro también ofrece exhibiciones y
25   demostraciones de tejido (*weaving*). Cuando compras aquí, tu dinero va directamente a los artesanos.

El Centro Comercial de Cuzco tiene tiendas de ropa y zapaterías. Las tiendas venden de todo. Hay tiendas que venden corbatas, chaquetas y vestidos de diseñadores peruanos. Estos diseñadores peruanos se inspiran en la ropa indígena. Ofrecen ropa moderna que
30   preserva las tradiciones peruanas.

Tema 7

Vocabulario y comprensión

1. **Vocabulario**   Answer the following questions.

Part A: Which of the following words is the root word for *"Baratillo"* [line 15] and *"baratijas"* [line 17]?

A bajo

C barato

B bolsa

D bajar

Part B: Read the following sentence from the text: *"Hay todo tipo de baratijas nuevas y de segunda mano."* [line 17] Which of the following definitions best reflects the meaning of *"baratijas"*?

A clothes

B trinkets

C flea markets

D sales

2. **Vocabulario**   Answer the following questions.

Part A: Read these sentences from the text: *"¿Te gusta regatear? Entonces debes hacer tus compras aquí porque los vendedores te permiten negociar los precios."* [lines 18–19] Which phrase from the text helps you understand the meaning of *"regatear"*?

A te permiten

B es tu mercado

C te gusta

D negociar los precios

Part B: Based on your answer to part A, what does the verb *"regatear"* mean?

A to bargain

B to give

C to regulate

D to discount

Tema 7

Vocabulario y comprensión (continuación)

3. **Vocabulario**   Analyze the words "*compradores*" and "*vendedores*" used in the selection. How does the Spanish suffix "*-dor*" change the meaning of the verbs "*comprar*" and "*vender*"?

    A It changes them to plural.

    B It changes them into nouns.

    C It makes them antonyms.

    D It makes them longer.

4. **Ideas clave y detalles**   Which sentence best summarizes the purpose of this selection?

    A Cuzco has many high-end fashion stores.

    B Cuzco can satisfy the needs of every type of shopper.

    C "*El Baratillo*" is a must-see market in Cuzco.

    D It is better to buy where the sales directly benefit the artisan.

5. **Ideas clave y detalles**   Based on the information in the reading selection, why are the articles sold at the Centro de Textiles Tradicionales more expensive?

    A The money goes directly to indigenous communities.

    B The store is in a high-end fashion mall.

    C These articles are made by hand.

    D Artisans work right on the premises.

6. **Ideas clave y detalles**   According to the last paragraph of the selection, why do Peruvian designers use indigenous clothing as an inspiration?

    A They want to preserve their traditions.

    B They want to help the indigenous communities.

    C They believe in old techniques for manufacturing clothes.

    D They make more money selling these designs.

Tema 7 — De compras: Lectura 2

De:	Blanca Alarcón
A:	Gloria Alarcón
Asunto:	Inspiración en Lima

1 Hola Gloria,

Estoy finalmente en Lima, Perú. ¡Estoy fascinada con la ciudad de nuestros abuelos! Lima tiene mucha cultura, muchos mercados y tiendas. El motivo de mi visita es hallar inspiración para diseñar mi nueva colección de ropa. Me gustan los

5 diseños tradicionales de la ropa indígena peruana.

Para inspirarme, visité la boutique fenomenal de Eleuterio Roque que está en Miraflores. Él es un diseñador peruano que, como yo, usa temas prehispánicos en sus textiles. La influencia inca es evidente en las camisetas y las sudaderas que él diseña. En su tienda compré una falda de diseños geométricos muy complicados.

10 También compré el vestido que voy a llevar a tu fiesta en abril. El vestido es un diseño exclusivo y costó una fortuna, pero me encanta.

Eleuterio Roque también es joyero. Hace pulseras y collares con semillas (*seeds*) de huayruro, un árbol que crece en el Amazonas. Son unas semillas rojas y negras. Muchos artesanos las usan para hacer joyería. Los peruanos las consideran amuletos

15 que traen buena suerte (*luck*) y son muy populares. La dependienta me explicó que si tengo una semilla en mi cartera, siempre voy a tener dinero. Voy a pensar en cómo puedo usar estas semillas en mis diseños.

Un día voy a abrir una tienda aquí. Me gustaría ser una diseñadora famosa y tener una boutique como la de Eleuterio Roque para vender mi ropa.

20 Te escribo más mañana. Es tarde y las tiendas cierran a las ocho. Necesito ir al supermercado. Besos.

Tu hermana,
Blanca

Tema 7

Vocabulario y comprensión

1. Vocabulario   Match the words from the box to the best definition or description according to the selection.

```
artesano(a)   diseñar   diseñador(a)   diseño
```

_____ **A** crear la idea original de algo, como lo que hace Eleuterio Roque

_____ **B** la concepción o idea original

_____ **C** una persona que crea la idea de algo, como Blanca Alarcón

_____ **D** una persona que crea algo con sus manos

2. Vocabulario   Read this quote from the reading: *"El vestido es un diseño exclusivo y costó una fortuna[...]."* [lines 10–11] Answer the following questions.

Part A: Which of the following phrases could be a synonym for the expression *"costó una fortuna"*?

A muy barato   **C** muy bien

B muy caro   **D** muy exclusivo

Part B: Based on the reading, what about the item Blanca bought affects its cost?

A It is a unique design only available in this store.

B Eleuterio Roque's boutique has low prices.

C Blanca visited the store during a sale.

D The designs on the dress are very inspiring.

3. Vocabulario   Read this sentence from the text: *"Eleuterio Roque también es joyero."* [line 12] What idea in the selection can help you determine the meaning of *"joyero"*?

A Es un diseñador peruano.

B Usa temas prehispánicos en sus textiles.

C Hace pulseras y collares.

D Trabaja con semillas de huayruro.

Vocabulario y comprensión (continuación)

4. **Ideas clave y detalles** Based on the information in the reading selection, why are huayruro seeds important to Peruvians?

   A They produce beautiful Amazonian trees.

   B Artisans can buy them at cheap prices.

   C These seeds are used as money in Peruvian markets.

   D Peruvians believe these seeds bring good luck.

5. **Ideas clave y detalles** According to the selection, what is the main reason Blanca is in Lima?

   A to buy a dress for her sister's party

   B to connect with her Peruvian grandparents

   C to look for ideas to design her new collection

   D to open a store in Lima

6. **Ideas clave y detalles** Which **two** details about Blanca's experience in Perú supports the purpose of her visit?

   A Perú is the country of her grandparents.

   B She visited the store of a designer whose work incorporates traditional patterns.

   C She found a very expensive dress and paid a lot for it.

   D She found inspiration in the red and black huayruro seeds.

Tema 7   De compras: Lectura 3

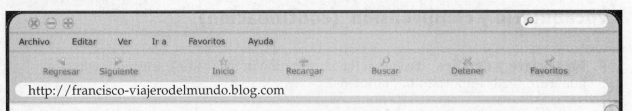

http://francisco-viajerodelmundo.blog.com

Ir de compras en Lima

1   Como todas las capitales grandes, Lima tiene centros comerciales para diferentes tipos de comprador. Hoy visité tres: Larcomar, Mega Plaza Norte y Minka. Los tres no son muy diferentes. Lo importante es saber qué buscas y cuánto dinero tienes para decidir a qué lugar debes ir.

5

Centro comercial Larcomar en Miraflores, Lima, Perú

Larcomar

Larcomar tiene más de 160 tiendas. Este centro comercial está en el distrito de Miraflores, al lado del océano. Es moderno y elegante con restaurantes, cines, un teatro, cafés y discotecas. Los almacenes de moda (*fashion*) femenina como Touché™ ofrecen a la mujer todos los artículos necesarios. Lo mismo ocurre con las tiendas de ropa masculina. Los hombres pueden comprar trajes, pantalones y zapatos muy caros. Larcomar está en la costa del océano Pacífico. Por su impresionante diseño

10

15

20   arquitectónico, Larcomar aparece (*appears*) constantemente en revistas (*magazines*) de arquitectura internacionales.

Opinión personal: Me gustó mucho, pero a mí no me gusta comprar cosas muy caras. No soy un comprador sofisticado y no necesito comprar ropa o accesorios de

25   marca (*brand*).

Mega Plaza Norte
Este centro comercial tiene más de 300 establecimientos. Hay un supermercado, gimnasios y restaurantes. Las zapaterías, joyerías, tiendas de ropa, perfumerías y tiendas de electrónicos no son muy caras. Este centro tiene todos los servicios

30   necesarios para los compradores.

Tema 7 — De compras: Lectura 3 (continuación)

Opinión personal: Es un centro comercial típico. No tiene nada especialmente atractivo para el turista. Hay muchos descuentos.

Minka

35 Considerada la primera ciudad comercial en Perú, Minka tiene más de mil tiendas. Hay tiendas de moda, de electrodomésticos, de artesanías y almacenes. También tiene servicios como restaurantes, un patio de comida, bancos, gimnasios y cines. Un punto interesante es el multimercado, donde hay zonas de frutas, de verduras, de carnes y aves, y un nuevo terminal pesquero, dedicado a más de 70 variedades de pescado y otros productos marinos. En cada zona hay de 30 a 60 tiendas que

40 venden productos al por mayor (*wholesale*), a compradores grandes como hoteles y restaurantes, o al por menor (*retail*), a compradores individuales. También hay almacenes internacionales estadounidenses. Los limeños prefieren este centro comercial porque los precios son accesibles. Para los turistas hay varias tiendas de artesanías típicas y servicios de turismo.

45 **Opinión personal:** Fue una sorpresa agradable. Hay muchos artículos baratos. Yo compré unas camisetas para mis amigos en Nueva York. Precio regular: $25; precio en oferta: $10.

Tema 7

Vocabulario y comprensión

1. **Vocabulario**   Read this phrase from the selection: *"No soy un comprador sofisticado"* [line 24]. Which description about Larcomar explains why Francisco uses the word "sofisticado"?

    A Tiene más de 160 tiendas.

    B Es un centro comercial caro y elegante.

    C Hay tiendas para hombres y para mujeres.

    D Tiene una arquitectura impresionante.

2. **Ideas clave y detalles**   According to the selection, why is Larcomar famous beyond Perú?

    A Los precios son negociables.

    B La arquitecura es espectacular.

    C Tiene zapaterías caras.

    D Está en el distrito de Miraflores.

3. **Composición y estructura**   How does the blogger organize his ideas about these three shopping centers?

    A He does it according to the geographic location of the mall.

    B They are based on the number of stores and the level of the prices.

    C He does not follow any obvious organization.

    D He does it according to his personal preference.

4. **Ideas clave y detalles**   Based on the information in the reading selection, which two details explain why Minka is so popular with shoppers?

    A Los precios no son altos.

    B Hay varias tiendas de artesanía típica.

    C Tiene un gimnasio y cines.

    D Hay muchos descuentos.

Vocabulario y comprensión (continuación)

5. **Ideas clave y detalles**   Francisco shares personal preferences in his blog. According to the text, which of the following does **not** describe him?

   A Prefiere no pagar precios altos.

   B Le gustan los descuentos.

   C Prefiere los centros comerciales elegantes.

   D Le gusta comprar regalos.

6. **Ideas clave y detalles**   According to the text, why is Minka considered a *"ciudad comercial"*?

   A Tiene muchos servicios.

   B Puedes comprar comida.

   C Tiene más de mil tiendas.

   D Tiene almacenes internacionales.

Tema 7

De compras: Integración de ideas

Escribir

Imagine that you and your family visited Peru, and shopped in both Lima and Cuzco. Compare and contrast the three types of shopping locations in these cities. Describe a) the location and why you decided to go there, and b) the items you bought and how expensive or cheap they were.

_____

_____

_____

_____

_____

_____

Writing Task Rubric

	Score: 1 Does not meet expectations	Score: 3 Meets expectations	Score: 5 Exceeds expectations
Completion of task	Does not complete the task within context of the topic.	Partially completes the task within context of the topic.	Effectively completes the task within context of the topic.
Use of evidence	Student presents no evidence from selections to support response.	Student presents evidence from two selections to support response.	Student presents evidence from all selections to support response.
Comprehensibility	Student's ideas are unclear and are difficult to understand.	Student's ideas are somewhat clear and coherent and fairly well understood.	Student's ideas are clear, coherent, and easily understood.
Language use	Very little variation of vocabulary use with many grammatical errors.	Limited usage of vocabulary with some grammatical errors.	Extended use of a variety of vocabulary with very few grammatical errors.
Fluency	Uses simple sentences or fragments.	Uses complete but simple sentences.	Uses a combination of simple and complex sentences.

Tema 7   De compras: Integración de ideas (continuación)

Hablar y escuchar

Work in a group. You are on a tour of Perú with your classmates. This is your first day, and you want to buy special gifts for your family during your trip. You want to find things that are authentic Peruvian handicrafts, either contemporary or traditional. Based on the readings, come up with a list of four items and tell where you need to go to find them. Then compare your list with those of the other members of your group. Organize your ideas in a chart and plan the places you will need to visit during your trip. Present your group's shopping plan to the class.

Presentational Speaking Task Rubric

	Score: 1 Does not meet expectations	Score: 3 Meets expectations	Score: 5 Exceeds expectations
Completion of task	Does not complete the task within context of the topic.	Partially completes the task within context of the topic.	Effectively completes the task within context of the topic.
Use of evidence	Student presents no evidence from selections to support response.	Student presents evidence from two selections to support response.	Student presents evidence from all selections to support response.
Comprehensibility	Student's ideas are unclear and are difficult to understand.	Student's ideas are somewhat clear and coherent and fairly well understood.	Student's ideas are clear, coherent, and easily understood.
Language use	Very little variation of vocabulary use with many grammatical errors.	Limited usage of vocabulary with some grammatical errors.	Extended use of a variety of vocabulary with very few grammatical errors.
Use of visuals in presentation	Student does not include visual support in the presentation.	Student uses visual support that is somewhat difficult to understand, incomplete, and/or inaccurate.	Student uses visual support that is easy to understand, complete, and accurate.

Tema 8   **Experiencias: Lectura 1**

Asociación de voluntarios globales

1 *¿Buscas una experiencia inolvidable? ¡Ser voluntario en Honduras!*

Honduras es un país de Centro América con bonitos bosques lluviosos (*rain forests*), playas y montañas.
5 Pero, en medio de esta belleza (*beauty*), el 50% de la población no tiene las necesidades básicas como una vivienda segura o el acceso a servicios de salud (*healthcare*). En Honduras, como
10 voluntario puedes mejorar (*improve*) la calidad (*quality*) de la vida de muchos hondureños. Los programas ofrecen oportunidades de trabajar con niños, ayudar en la construcción de casas,
15 enseñar inglés y mucho más. También vas a tener la oportunidad de aprender más sobre la cultura de Honduras y viajar por este precioso país.

   Tienes la opción de escoger programas de
20 dos, tres, cuatro o cinco semanas.

- **Opción 1:** 2 semanas de trabajo voluntario, 1 semana de inmersión cultural y 2 semanas de viaje

- **Opción 2:** 2 semanas de trabajo
25 voluntario con 2 semanas de viaje
- **Opción 3:** 2 semanas de trabajo voluntario con 1 semana de inmersión cultural
- **Opción 4:** 2 semanas de trabajo
30 voluntario

"Trabajé como voluntaria en Honduras durante el verano. Pasé cuatro semanas inolvidables y tuve la oportunidad de enseñar inglés a niños y adultos. No existen las palabras adecuadas para describir la experiencia. ¡Pero es una experiencia que quiero repetir!" —Sara

---

Ayudar en las escuelas

Tema 8 — Experiencias: Lectura 1 (continuación)

Practicar tirolesa y
hacer otras actividades

Ejemplo del programa de Opción 1

Trabajos para los voluntarios (2 semanas)
Colaborar en el desarrollo (development) *de
una comunidad en los siguientes proyectos:*

35
- Participar en la construcción de
casas o escuelas
- Enseñar inglés, música, danza o
teatro
- Ayudar en las actividades de
recreación y deportes

40 **Viaje por Honduras (2 semanas)**
Actividades extraordinarias como:

- Bucear en el arrecife (*reef*) de coral
en Roatán
- Hacer un *Canopy Tour* en tirolesa
45 (*zip line*) en el Parque Ecoturístico
El Ocote
- Montar a caballo al lado del mar

Experiencia cultural (1 semana)
Participar en actividades culturales como:

50
- Aprender cómo preparar comida
local

- Visitar las ruinas maya en el Parque
Arqueológico Copán
- Tomar clases de español

"Ayudé en la construcción de
una escuela. Fui con un grupo de
estudiantes de mi comunidad.
Después del trabajo voluntario,
hicimos muchas cosas. Buceamos,
tomamos el sol en la playa,
montamos a caballo y exploramos
varias ciudades. Las personas de
Honduras son muy simpáticas y mi
experiencia fue increíble." —Jim

Tema 8

Vocabulario y comprensión

1. **Vocabulario**   While in Honduras, where would you go to do each activity? Match the activity with its proper location, based on the reading.

____ **A** nadar y ver peces (*fish*) de colores

a. un barrio hondureño

____ **B** aprender sobre las construcciones prehispánicas

b. el arrecife de Roatán

____ **C** ver un bosque y atracciones naturales

c. Parque Ecoturístico El Ocote

____ **D** trabajar con niños y/o adultos

d. Parque Arqueológico Copán

2. **Vocabulario**   Answer the following questions.

Part A: Read this sentence from Jim's testimonial: "*Buceamos, tomamos el sol en la playa, montamos a caballo y exploramos varias ciudades.*" What does this description tell you about him?

A He enjoys volunteering.

B He's a hard worker.

C He's an active person.

D He likes to relax.

Part B: Based on Jim's testimonial, what program did he **most likely** participate in?

A Option 1

B Option 2

C Option 3

D Option 4

Tema 8

Vocabulario y comprensión (continuación)

3. **Ideas clave y detalles**   Why do you think the *Asociación de voluntarios globales* provides alternate options for the volunteer program? Choose **two**.

   A to attract more volunteers

   B to allow volunteers to teach dancing

   C to provide archaeological activities for volunteers

   D to offer shorter and longer stays

4. **Ideas clave y detalles**   Ed would like to volunteer and he is also very interested in learning about the culture in Honduras. He doesn't have a lot of free time. Which volunteer option would be the best fit for Ed?

   A Option 1

   B Option 2

   C Option 3

   D Option 4

5. **Ideas clave y detalles**   What does Sara mean when she says, "*¡Pero es una experiencia que quiero repetir!*"

   A She would enjoy teaching English again in Honduras.

   B Her time in Honduras was not good.

   C She looks forward to helping build homes again.

   D She wants to have a new experience in another country.

6. **Ideas clave y detalles**   What is the main theme of the brochure?

   A participating in cultural activities

   B volunteering in a local community

   C traveling in Honduras

   D looking for an adventure

Tema 8 Experiencias: Lectura 2

Gente internacional

1 ¿Te gustaría viajar a España? Las escuelas de España trabajan con las escuelas de los Estados Unidos en un programa de intercambio llamado "Gente internacional".

5 Después de recibir los estudiantes españoles en tu comunidad, tienes la oportunidad de ir a España a visitar a tus nuevos amigos. Vives con las familias de tus amigos. También vas a tener más ocasiones de

10 practicar tu español y comprender una nueva cultura. Durante dos semanas vas a ser la "sombra" (*shadow*) de tu amigo(a) español(a). Vas a participar en las mismas clases y actividades. El intercambio también

15 incluye las siguientes excursiones culturales:

El Prado: El museo tiene la colección más importante de arte español del mundo (*world*).

El Escorial: Un grupo de edificios
20 (*buildings*) que incluye un palacio, una basílica, una biblioteca y un monasterio.

El Palacio Real: El rey de España usa este palacio para ceremonias especiales.

(La familia real no vive en el Palacio
25 Real. Vive en un palacio más pequeño llamado el Palacio de la Zarzuela.) La visita al Palacio Real incluye 50 de las 200 habitaciones del palacio.

Segovia: Es el lugar del famoso Alcázar, un
30 castillo del siglo XII. El castillo era una de las inspiraciones para el castillo del príncipe en la película "La Cenicienta" de Walt Disney.

Toledo: Es una ciudad medieval situada en una colina (*hill*) con calles de piedra
35 (*cobblestone*). Hay muchos lugares espectaculares como la Catedral y el Museo de Santa Cruz. El museo tiene tres secciones: arqueología, bellas artes (*fine art*) y artes decorativas. Contiene una
40 colección espectacular de arte español con cuadros de El Greco, Luis Tristán y otros.

"Mi tiempo en España fue inolvidable. Aprendí un montón de vocabulario en español y ahora puedo conversar más. También hice muchos nuevos amigos."—Latasha

---

"Fui a España el año pasado con el programa de intercambio Gente internacional. ¡Me encantó! Ahora quiero viajar a otros países y conocer otras culturas. Es una experiencia increíble."—Crystal

Museo Nacional del Prado y estatua de Cervantes, Madrid, España

Nombre _____ Hora _____

Tema 8

Fecha _____

Vocabulario y comprensión

1. **Vocabulario** Based on the information provided in the brochure, why do you think the co-founders named the exchange program "*Gente internacional*"?

 A The exchange program is between students from two schools in different nations.

 B People from all over the world participate in the program.

 C Students study international subjects in an exchange program.

 D Only people in the United States meet people from other countries.

2. **Vocabulario** What words used in the excursion descriptions suggest that Spain has royalty?

 A famoso, museo, ceremonias

 B biblioteca, catedral, calles de piedra

 C castillo, palacio, rey

 D medieval, habitaciones, lugares espectaculares

3. **Ideas clave y detalles** Based on the reading, which of the following places would be best to visit if students wanted to see a world-famous collection of beautiful paintings?

 A Segovia   **B** El Prado   **C** El Palacio Real   **D** El Escorial

4. **Ideas clave y detalles** According to the text, which of the following statements is true?

 A El intercambio de estudiantes dura un mes en España.

 B Los estudiantes viven en residencias universitarias.

 C Los estudiantes visitan sitios históricos y culturales.

 D Los estudiantes van en el verano cuando no hay clases.

5. **Ideas clave y detalles** According to the reading, what do exchange students do as "*sombras*"?

 A They help Spanish students with their classes and homework.

 B They visit museums and palaces at night.

 C They go to school with Spanish students and attend their classes.

 D They learn more about the culture in Spain by living with a family.

Tema 8 Experiencias: Lectura 3

Un viaje por Ecuador

1 ¡*Viajes Tucán* tiene la mejor selección de tours en todo Ecuador! Nosotros te ofrecemos (*offer*) la mejor manera de descubrir la cultura, la historia y la
5 naturaleza de este fantástico país. El tour de quince días es un tour excelente.

Comienza (*It begins*) con la visita a la hermosa ciudad colonial Quito y luego un tour del museo y monumento en la
10 Mitad del Mundo (*Middle of the World*), el complejo turístico en la línea ecuatorial. Aquí es posible poner un pie en el hemisferio norte y un pie en el hemisferio sur al mismo tiempo.

15 El tercer día el tour va al Mercado de Otavalo. Este mercado está lleno de artesanías como ropa, textiles y collares y aretes hechos por los indígenas otavaleños. Es el lugar perfecto para
20 comprar recuerdos.

El día cuatro, el tour va a Cotopaxi, el volcán activo más alto del mundo. ¡Está a más de 5,900 metros (19,357 pies) sobre el nivel del mar! Al día siguiente, viajan
25 en un tren colonial, visitan Ingapirca, las ruinas incas, y luego los viajeros pasan a la ciudad de Cuenca. Cuenca es una ciudad conocida por sus tradiciones y cultura.

Después de la experiencia en Cuenca, el
30 tour va a la selva Amazónica. Los viajeros van a tener la oportunidad de explorar la selva con sus interesantes animales, plantas y comunidades indígenas.

Al final, el grupo viaja en avión a la
35 costa Pacífica y toma un barco para visitar las famosas islas Galápagos. Tiene cuatro días para observar el pájaro cormorán no volador, la iguana marina y la tortuga gigante. ¡Es el único (*only*) lugar donde
40 puedes ver estos animales raros!

Vista panorámica de Quito y el volcán Cotopaxi

Viajes Tucán **garantiza que sus vacaciones serán fenomenales.**

Itinerario del tour:

Día 1: Llegada en avión a Quito, Ecuador

Día 2: Tour en autobús
45 en Quito y al monumento Mitad del Mundo

Día 3: Visitar el Mercado de Otavalo y la laguna de Cuicocha

50 **Día 4:** Visitar el Parque Nacional Cotopaxi y la ciudad de Riobamba

Día 5: Tomar el tren el Tambo y visitar las ruinas
55 Ingapirca

Día 6: Tour a pie por Cuenca

Día 7 a día 9: Viajar a la selva Amazónica

Día 10 a día 14: Avión a
60 Guayaquil y tomar un barco a las islas Galápagos

Día 15: Regreso a Quito

"Mi viaje a Ecuador fue fantástico. Es un lugar increíble. Pero, algo que no fue muy increíble es que me enfermé (*I got sick*) por la altura (*altitude*)." —Donald

"Ecuador es mi país favorito. No me gustó… ¡me encantó! La selva es impresionante, las islas Galápagos son una maravilla. Ahora tengo muchos amigos ecuatorianos. ¡Y tuve la oportunidad de practicar mi español!" —Marisol

Tema 8

Vocabulario y comprensión

1. **Vocabulario**   Answer the following questions.

   Part A: Read the following sentence from the selection: "*Al día siguiente, viajan en un tren colonial, visitan Ingapirca, las ruinas incas, y luego los viajeros pasan a la ciudad de Cuenca.*" [lines 24–27] Which words best help you understand the meaning of "*viajeros*"?

   A Cuenca, colonial

   B viaje, viajan

   C ruinas, ciudad

   D viajan, visitan

   Part B: Based on your answer to part A, what is the meaning of "*viajeros*"?

   A personas que visitan un lugar

   B gente que va de viaje

   C hombres y mujeres de Ecuador

   D personas viejas

2. **Vocabulario**   Read the following statement: "*Aquí es posible poner un pie en el hemisferio norte y un pie en el hemisferio sur al mismo tiempo.*" [lines 12–14] Which of the following explains the meaning of "*al mismo tiempo*"?

   A allow enough time

   B take your time

   C at the same time

   D time yourself carefully

3. **Composición y estructura**   The reading describes the events of the tour in order. Which of the following word(s) used in the reading do **NOT** help you know what comes next?

   A después

   B al final

   C al día siguiente

   D de quince días

Vocabulario y comprensión (continuación)

4. **Ideas clave y detalles**   The tour to Ecuador includes locations that explore "*cultura, historia,*" and "*naturaleza*". Match the word that represents the main focus of the visit to each of the following locations.

> cultura   historia   naturaleza

A Cotopaxi _____

B Ingapirca _____

C Cuenca _____

D islas Galápagos _____

5. **Ideas clave y detalles**   Based on the details in the reading, why do you think the monument near Quito is called "*Mitad del Mundo*"?

A It is located on the equator.

B It is in the bottom half of the Southern Hemisphere.

C It was named that by explorers.

D Quito is the capital of Ecuador.

6. **Composición y estructura**   What information does the itinerary offer that is not mentioned in the brochure? Choose **two** options.

A It mentions additional sights that will be seen.

B It mentions the "*Mitad del Mundo*" monument.

C It gives more details about transportation.

D It tells how long the tour is.

7. **Ideas clave y detalles**   The reading contains facts and opinions. Which of the following statements from the selection is an opinion?

A "¡Viajes Tucán tiene la mejor selección de tours en todo Ecuador!"

B "¡Es el único lugar donde puedes ver estos animales raros!"

C "¡Está a más de 5,900 metros sobre el nivel del mar!"

D "Este mercado está lleno de recuerdos hechos por los indígenas."

Tema 8

Vocabulario y comprensión (continuación)

8. **Ideas clave y detalles**   In Donald's testimonial, he states, "...*me enfermé por la altura*." Based on the information in the description of the tour, where was Donald when he got sick?

   A las islas Galápagos

   B la selva Amazónica

   C el Parque Nacional Cotopaxi

   D la ciudad de Cuenca

9. **Integración de conocimientos**   All three selections share common ideas about travel. Which of the following applies to only **one** selection?

   A Visiting other countries and meeting people is an unforgettable experience.

   B Improving the quality of life of the people who live in a place you visit is amazing.

   C As a visitor to another country you learn about its history and culture.

   D You make new friends when you travel to other countries and learn about the daily life.

Tema 8   Experiencias: Integración de ideas

Escribir

Which of the three vacation trips appeals to you the most? Give your opinion of each type of vacation and give reasons that explain how you chose your favorite. Provide information from all three readings to support your opinion.

_____

_____

_____

_____

_____

Writing Task Rubric

	Score: 1 Does not meet expectations	Score: 3 Meets expectations	Score: 5 Exceeds expectations
Completion of task	Does not complete the task within context of the topic.	Partially completes the task within context of the topic.	Effectively completes the task within context of the topic.
Use of evidence	Student presents no evidence from the selections to support response.	Student presents evidence from two selections to support response.	Student presents evidence from all three selections to support response.
Comprehensibility	Student's ideas are unclear and are difficult to understand.	Student's ideas are somewhat clear and coherent and fairly well understood.	Student's ideas are clear, coherent, and easily understood.
Language use	Very little variation of vocabulary use with many grammatical errors.	Limited usage of vocabulary with some grammatical errors.	Extended use of a variety of vocabulary with very few grammatical errors.
Fluency	Uses simple sentences or fragments.	Uses complete but simple sentences.	Uses a combination of simple and complex sentences.

Tema 8

Experiencias: Integración de ideas (continuación)

Hablar y escuchar

Work in a group and choose the best trip for your Spanish class from the trips described in the three readings. Create a visual of the agreed upon itinerary. Present your trip plan to the class. Give reasons for or against each destination to explain your group's choice. Remember to cite evidence from the text to support your choice.

Presentational Speaking Task Rubric

	Score: 1 Does not meet expectations	Score: 3 Meets expectations	Score: 5 Exceeds expectations
Completion of task	Does not complete the task within context of the topic.	Partially completes the task within context of the topic.	Effectively completes the task within context of the topic.
Use of evidence	Student presents no evidence from the selections to support response.	Student presents evidence from two selections to support response.	Student presents evidence from all three selections to support response.
Comprehensibility	Student's ideas are unclear and difficult to understand.	Student's ideas are somewhat clear and coherent and fairly well understood.	Student's ideas are clear, coherent, and easily understood.
Language use	Very little variation of vocabulary use with many grammatical errors.	Limited usage of vocabulary with some grammatical errors.	Extended use of a variety of vocabulary with very few grammatical errors.
Use of visuals in presentation	Student does not include visual support in the presentation.	Student uses visual support that is somewhat difficult to understand, incomplete, and/or inaccurate.	Student uses visual support that is easy to understand, complete, and accurate.

Tema 9   Medios de comunicación: Lectura 1

¿Qué es un *geek* de la tecnología?

1 ¿Te fascina la tecnología? ¿Te aburres rápidamente cuando no tienes tu computadora portátil o teléfono inteligente? ¿Dependes de la tecnología
5 para organizarte? ¿Solo te comunicas con tus amigos con tecnología? ¿Tienes que ser el primero a comprar un nuevo aparato tecnológico? Pues, si respondes "sí" a estas preguntas, quizás eres un *geek* de
10 la tecnología.

   Hoy en día, casi todos dependen de sus computadoras para comunicarse con amigos, buscar información, hacer compras, mantener la agenda o jugar. Y con el
15 teléfono inteligente, es posible hacer todas estas cosas en cualquier lugar. Es lógico usar estas innovaciones: nos simplifican la vida (*life*). Pero es fácil tener una obsesión con la tecnología y ser un *geek*.
20   Un *geek* se caracteriza por:

- **El uso de la tecnología para todos los quehaceres:** Un *geek* nunca usa un libro de cocina. ¿Por qué usar libros de cocina cuando hay millones
25 de recetas (*recipes*) en línea? Y nunca va al banco. Puede depositar dinero con la cámara digital de su teléfono inteligente. El *geek* hace todo con aparatos tecnológicos.

30 - **La diversión electrónica:** Un *geek* se aburre inmediatamente cuando no tiene un aparato electrónico en la mano. Tiene todas las aplicaciones posibles para jugar, leer y ver vídeos.
35 No va al cine ni al centro comercial. Prefiere pasar tiempo con amigos en línea y no cara a cara.

- **La dependencia de los aparatos electrónicos:** Para el *geek*, los aparatos
40 tecnológicos controlan su horario, sus contactos con amigos y sus actividades. Un *geek* no sabe qué hacer si no está conectado al Internet.

- **La obsesión con lo nuevo:** Para un
45 *geek*, siempre es necesario tener los aparatos más nuevos y modernos. Cuando sale un nuevo modelo de tableta o teléfono inteligente, el *geek* tiene que ser el primero en
50 comprarlo.

¿Para qué sirve la tecnología en tu vida? ¿Qué te parece? ¿Eres un *geek*?

Vocabulario y comprensión

1. **Vocabulario**   Complete the following questions.

   Part A: Which of the following items mentioned in the selection would **NOT** be considered an *"aparato"*?

   A un libro de cocina

   B una cámara digital

   C una computadora portátil

   D una tableta

   Part B: Using your choice for part A, select an English equivalent of the word *"aparato"*.

   A a tablet

   B a laptop

   C a device

   D a computer

2. **Vocabulario**   Read the phrase from the passage: *"es posible hacer todas estas cosas en cualquier lugar"* [lines 15–16]. Based on the context of the reading, which of the following is the best translation of *"cualquier lugar"*?

   A in one place

   B anywhere

   C nowhere

   D everywhere

3. **Ideas clave y detalles**   According to the reading, a geek prefers to connect with friends in all of the following ways **except:**

   A cara a cara

   B con su teléfono inteligente

   C por una red social

   D usando una computadora portátil

Vocabulario y comprensión (continuación)

4. **Ideas clave y detalles**   According to the reading, technological advances *"nos simplifican la vida"* [lines 17–18]. Which of the following statements from the reading is an example of this?

   A Puede depositar dinero con la cámara digital de su teléfono inteligente.

   B Siempre es necesario tener los aparatos más nuevos y modernos.

   C Se aburre inmediatamente cuando no tiene un aparato electrónico en la mano.

   D No sabe qué hacer si no está conectado al Internet.

5. **Ideas clave y detalles**   According to the reading, which of the following statements is NOT true about geeks?

   A A geek is obsessed with having the newest devices and buys new ones all the time.

   B A geek uses technology to complete his or her chores.

   C A geek quickly gets bored without an electronic device in his or her hand.

   D A geek prefers to use both traditional and technological methods for getting information.

6. **Ideas clave y detalles**   Which of the following sentences best summarizes the main idea of the reading?

   A Although geeks like to use technology, they do not know a lot about it. They are obsessed with learning about new things, like computers.

   B Although geeks like to use technology, they do not depend on it for everything. They generally use technology only to watch videos or play games.

   C Geeks depend on technological devices for everything. They feel as if they must always have the newest gadgets.

   D Geeks are bored easily with technology. This boredom makes them feel as if they must always buy the newest devices.

Tema 9 Medios de comunicación: Lectura 2

Los teléfonos inteligentes: ¿Útiles (*useful*) o adictivos?

1 El 20% de la población global tiene un teléfono inteligente, o un *Smartphone*. Estos aparatos son populares porque son mucho más que un teléfono. Un teléfono inteligente es calculadora, mapa, diccionario, cámara, consola de videojuegos; son todas estas cosas dentro de un solo aparato. De veras, se usa muy poco para la intención
5 original: hablar por teléfono.

Muchos usuarios admiten que tienen una adicción a su teléfono inteligente porque lo usan para todo. Los psicólogos piensan que esta adicción es un problema. Y no saben las consecuencias a largo plazo (*in the long run*) de su uso constante.

¿Tienes un teléfono inteligente? ¿Tienes una obsesión con él? ¿Cómo sabes?

10 Bueno, los expertos hablan de algunos hábitos de los adictos a los teléfonos inteligentes. Primero, los adictos nunca salen sin el teléfono en la mano. Y diez minutos no pasan sin que estas personas chequeen (*check*) sus correos electrónicos o sus redes sociales. Para los adictos, es importante publicar cada detalle de su vida en línea. ¿Comen algo muy rico? Pues, sacan una foto y la publican. ¿Asisten a un concierto? Hacen un *check-in* y todos sus
15 amigos lo saben.

Los adictos hasta duermen con el teléfono al lado. Se despiertan (*They wake up*) por la noche para mirar los correos electrónicos o las redes sociales y en el día tienen sueño. En la escuela, los jóvenes adictos usan los telefónos debajo del escritorio y textean o publican información durante la clase. El resultado de la adicción es estudiantes que están
20 distraídos y no ponen atención en la clase.

El teléfono inteligente también sirve para evitar (*avoid*) a las otras personas. El fenómeno del *phubbing* (del inglés *phone* + *snubbing*) es común entre los usuarios. Muchas veces los jóvenes no quieren ser sociables y usan el teléfono para escapar de una situación o no hablar con otras personas.

De muchas maneras, los teléfonos inteligentes nos facilitan la vida. Pero, ¿son más las ventajas (*advantages*) que los riesgos (*risks*) de adicción?

Nombre _____   Hora _____

Tema 9

Fecha _____

Vocabulario y comprensión

1. **Vocabulario** Complete the following questions.

    Part A: All of the following words refer to Smartphone users at some point in the text except:

    A adictos

    B usuarios

    C jóvenes

    D psicólogos

    Part B: Read the following line from the text: *"Muchos usuarios admiten que tienen una adicción a su teléfono inteligente porque lo usan para todo."* [lines 6–7] Which of the following is the best definition for the term *"usuario"*?

    A an expert in mobile technology

    B a person obsessed with his or her Smartphone

    C a person who analyzes Smartphone use

    D a person who uses a Smartphone

2. **Vocabulario** Read this sentence from the text: *"El resultado de la adicción es estudiantes que están distraídos y no ponen atención en la clase."* [lines 19–20] Which of the following best describes someone who is *"distraído"*?

    A una persona que tiene una adicción

    B una persona que tiene un teléfono inteligente

    C una persona que no pone atención

    D una persona que está en la clase

3. **Ideas clave y detalles** Read the description of "phubbing" in the text. [line 22] Which of the following does **NOT** explain the attitude of someone who is phubbing?

    A Quiere estar solo(a).

    B Quiere evitar a otras personas.

    C Quiere escapar de una situación.

    D Quiere hacer nuevos amigos.

Tema 9

Vocabulario y comprensión (continuación)

4. **Ideas clave y detalles**   Read the following passage from the text: *"Los psicólogos piensan que esta adicción es un problema. Y no saben las consecuencias a largo plazo de su uso constante."* [lines 7–8] Which of the following best summarizes this passage?

   A Psychologists think that it's a problem that people do not use their Smartphones enough, and that it will continue to be a problem in the long term.

   B Psychologists think that people have problems if they are obsessed with the long-term consequences of Smartphone addiction.

   C Psychologists believe that Smartphones will be helpful in the long run for treating addiction.

   D Psychologists think that Smartphone addiction can be a problem, and they don't know the long-term consequences of their constant use.

5. **Ideas clave y detalles**   Read the following sentence from the text: *"Bueno, los expertos hablan de algunos hábitos de los adictos a los teléfonos inteligentes."* [line 10] Which of the following is **NOT** mentioned as *"algunos hábitos de los adictos"*?

   A usar el mapa del teléfono inteligente para buscar un lugar

   B usar el teléfono inteligente para publicar cada detalle de la vida

   C dormir al lado del teléfono inteligente y mirarlo durante la noche

   D textear durante la clase y no poner atención a la lección

6. **Integración de conocimientos**   What is the main idea of both *Lectura 1* and *Lectura 2*?

   A Technology should be used to simplify life whenever possible.

   B New technologies can be very useful, but we should be careful not to become too dependent on our gadgets.

   C We should always avoid technology because it is harmful and addicting.

   D Technology allows us to look for information, play games, and stay connected with friends wherever we go.

Tema 9 — Medios de comunicación: Lectura 3

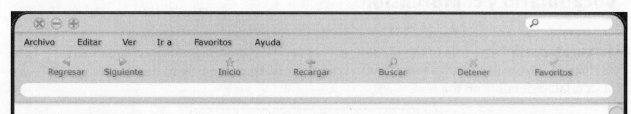

Los beneficios, los riesgos y las alternativas al "tiempo de pantalla" para los niños

1 Hay muchísimos aparatos electrónicos en nuestra vida diaria: la televisión, la computadora, el teléfono inteligente, la tableta, el libro electrónico, etcétera. Es posible pasar horas y horas cada día delante de una pantalla. Según los estudios, muchos niños pasan de 5 a 7 horas al día delante de una de estas pantallas. ¿Es
5 bueno para ellos? Pues, es complicado.

Según algunas personas, hay beneficios educativos en el uso de los aparatos electrónicos. En la televisión, hay canales de historia, ciencias, arte o cultura. También, la gente puede aprender sobre lo que pasa en todo el mundo con la constante programación de las noticias. Hay mucho más que programas de
10 concursos o dibujos animados en la tele. También hay muchas oportunidades educativas en Internet. Por ejemplo, los niños pequeños pueden aprender el alfabeto o los números en un sitio Web o con una de las miles de aplicaciones educativas. Y muchas escuelas dan tabletas a los estudiantes porque son más interactivas que los libros tradicionales.

15 Pero con los beneficios educativos, hay también consecuencias negativas. Una es la obesidad. El uso de los aparatos electrónicos resulta en la falta de actividad física. En estas 5 a 7 horas al día, los niños no juegan afuera (*outside*) ni hacen ejercicio. Con más tiempo de pantalla, hay también problemas de atención. Muchos estudios indican que los niños que pasan demasiado tiempo delante de la pantalla
20 tienen dificultades con la concentración, especialmente en la escuela. También hay un costo social: muchas veces los niños están solos durante el tiempo de pantalla. Pasan menos tiempo con amigos y sus habilidades (*skills*) sociales no se desarrollan (*do not develop*) adecuadamente.

Entonces, ¿qué hacemos? Primero los padres deben poner límites al tiempo
25 de pantalla. Los expertos recomiendan menos de dos horas al día para los niños. También, las familias deben salir juntas, ir al parque o a un restaurante. Estas interacciones con la familia son importantes y ayudan a los niños a comunicarse. Los niños pueden participar en un deporte de equipo, en la danza u otra arte. La participación en una actividad da a los niños la oportunidad de hacer algo
30 interesante lejos de la pantalla.

Vocabulario y comprensión

1. **Vocabulario**   The title of the reading is "*Los beneficios, los riesgos y las alternativas al 'tiempo de pantalla' para los niños*". Match each word from the title to the summary of a related detail from the text.

> beneficio   riesgo   alternativa

_____ **A** Los niños pueden aprender con sitios web y aplicaciones.

_____ **B** Los niños tienen problemas de atención.

_____ **C** Los niños no pasan tiempo en actividades sociales.

_____ **D** Los niños deben jugar un deporte en equipo.

2. **Ideas clave y detalles**   Read the following sentence from the text: "*Los expertos recomiendan menos de dos horas al día para los niños.*" [line 25] According to the text, how does the average amount of screen time that children get compare to what experts recommend?

   A Children get more screen time than what is recommended.

   B Children get less screen time than what is recommended.

   C Children get about the same amount of screen time as what is recommended.

   D Children get little screen time, but at least two hours a day is recommended.

3. **Ideas clave y detalles**   According to the text, why would schools give "*tabletas*" to students?

   A Las tabletas cuestan menos que los libros.

   B Las tabletas permiten interacción activa con la información.

   C Las tabletas son formas pasivas de aprender.

   D Las escuelas quieren que los niños usen los teléfonos inteligentes.

Tema 9

Vocabulario y comprensión (continuación)

4. Ideas claves y detalles What is the purpose of this article?

A to remind parents that their children should spend 5–7 hours daily in front of a screen

B to persuade parents to avoid screen time in order to be good role models

C to inform readers of both the positives and negatives of screen time, and to offer alternative activities

D to inform readers of the positive aspects of allowing 5–7 hours of screen time a day

5. Ideas claves y detalles According to the reading, which of the following is **NOT** a risk of too much screen time?

A problemas de atención

B aprender interactivamente

C obesidad infantil

D falta de habilidades sociales

6. Integración de conocimientos Which of the following consequences of technology use is mentioned in all three *Lecturas*?

A la falta de comunicación cara a cara

B la obesidad y la falta de actividad física

C la obsesión con la tecnología nueva

D el uso de la tecnología para los quehaceres

Tema 9 — Medios de comunicación: Integración de ideas

Escribir

Write a paragraph in Spanish to explain and support your opinion on the following technology question: *¿Están obsesionados los jóvenes por la tecnología?* Use your own experience as well as the information from all three *Lecturas* to develop your response.

_____

_____

_____

_____

_____

Writing Task Rubric

	Score: 1 Does not meet expectations	Score: 3 Meets expectations	Score: 5 Exceeds expectations
Completion of task	Does not complete the task within context of the topic.	Partially completes the task within context of the topic.	Effectively completes the task within context of the topic.
Use of evidence	Student presents no evidence from any selection to support response.	Student presents evidence from two selections to support response.	Student presents evidence from all three selections to support response.
Comprehensibility	Student's ideas are unclear and are difficult to understand.	Student's ideas are somewhat clear and coherent and fairly well understood.	Student's ideas are clear, coherent, and easily understood.
Language use	Very little variation of vocabulary use with many grammatical errors.	Limited usage of vocabulary with some grammatical errors.	Extended use of a variety of vocabulary with very few grammatical errors.
Fluency	Uses simple sentences or fragments.	Uses complete but simple sentences.	Uses a combination of simple and complex sentences.

Nombre _____   Fecha _____

Tema 9   **Medios de comunicación: Integración de ideas (continuación)**

Hablar y escuchar

Work with a group. Prepare a survey about technology use. Include at least six questions in your survey. Ask about the issues discussed in each of the three *Lecturas*. Conduct your survey with your classmates. Then, compile the results in a graph. Use the graph to present your findings to the class.

Presentational Speaking Task Rubric

	Score: 1 Does not meet expectations	Score: 3 Meets expectations	Score: 5 Exceeds expectations
Completion of task	Does not complete the task within context of the topic.	Partially completes the task within context of the topic.	Effectively completes the task within context of the topic.
Use of evidence	Student presents no evidence from any selection to support response.	Student presents evidence from two selections to support response.	Student presents evidence from all three selections to support response.
Comprehensibility	Student's ideas are unclear and difficult to understand.	Student's ideas are somewhat clear and coherent and fairly well understood.	Student's ideas are clear, coherent, and easily understood.
Language use	Very little variation of vocabulary use with many grammatical errors.	Limited usage of vocabulary with some grammatical errors.	Extended use of a variety of vocabulary with very few grammatical errors.
Use of visuals in presentation	Student does not include visual support in the presentation.	Student uses visual support that is somewhat difficult to understand, incomplete, and/or inaccurate.	Student uses visual support that is easy to understand, complete, and accurate.

Notas

Level 2

Nombre _____ Fecha _____

Tema 1   Tu día escolar: Lectura 1

Colegio Benemérito de las Américas

Actividades Extraescolares

1 Cuando las clases terminan a las 3:00 de la tarde, el día empieza. Las actividades extracurriculares del Colegio Benemérito de las Américas son una forma productiva de pasar la tarde. Hay grupos y clubes para intereses diversos. Puedes seleccionar pasatiempos como el ajedrez y la lectura de libros. También hay disciplinas artísticas
5 como la música y el teatro. Si eres atlético, puedes ser miembro de un equipo de natación, boliche o gimnasia. El colegio tiene expertos voluntarios para cada club. Nuestros estudiantes constantemente ganan competiciones nacionales e internacionales.

Banda militar

La banda militar del Colegio Benemérito de las
10 Américas es reconocida internacionalmente. La banda ganó tres campeonatos nacionales en cinco años. Esta banda compite regularmente en Estados Unidos y Europa. La marcha de rutina libre (*freestyle*) es nuestra competición favorita. El año pasado ganamos el
15 concurso internacional en Francia.
Ensayos: todos los días, 4:30 p.m., sábados 9:00 a.m. Patio de recreo.

Boliche

¿Te gusta jugar a los bolos? Las clases de boliche son
20 los lunes en el Salón Pinos de Oro. La liga escolar empieza en septiembre y acaba en junio.
Práctica: lunes, 4:00 p.m., sábados a las 10:30 a.m.

Canto

¿Te gusta cantar? Para ser miembro de este grupo no
25 es necesaria una voz perfecta. La maestra Elena Cantú te invita a visitar su clase y tomar lecciones de canto. El repertorio es variado, con canciones de música popular y clásica. Una vez al año, los miembros de este grupo ofrecen un Concierto Invernal de Días Festivos.
Ensayos: martes y jueves, 4:00 p.m. Salón de música.

30 ### Mariachi

El maestro Genaro López, un guitarrista fenomenal, es el instructor del grupo de mariachi. En su vida profesional, Genaro López es el líder del famoso Mariachi Azteca. Cada año, para celebrar el Cinco de Mayo, el mariachi presenta un concierto de música tradicional mexicana en el auditorio municipal. Esta actividad es muy popular.
35 **Ensayos:** lunes, miércoles y viernes, 3:30 p.m. Salón de música.

94 Level 2 ▬ Tema 1

Literacy Skills Workbook, Volume 1

© Pearson Education, Inc. All rights reserved.

Nombre _____   Hora _____

Tema 1

Fecha _____

Vocabulario y comprensión

1. **Composición y estructura**   Complete the following questions.

   Part A: *"Cuando las clases terminan a las 3:00 de la tarde, el día empieza."* [line 1] What does the idea *"el día empieza a las 3:00 de la tarde"* mean?

   A The author of the text sleeps late.

   B Extracurricular activities start at 3:00 p.m.

   C Students should wake up from a nap at 3:00 p.m.

   D School begins at 3:00 p.m.

   Part B: What does your answer to part A tell you about how the Colegio Benemérito views its extracurricular activities?

   A Colegio Benemérito puts its academic program above its after-school program.

   B The brochure writer is not enthusiastic about after-school programs.

   C The school believes a strong extracurricular program benefits all its students.

   D Music activities are not as important as athletic activities at the school.

2. **Ideas clave y detalles**   Complete the following questions.

   Part A: According to the article, who is Genaro López?

   A He is the school's music teacher.

   B He is a famous Aztec.

   C He is an accomplished musician.

   D He is a popular instructor.

   Part B: What evidence in the reading supplies the information to support your answer? Choose **two**.

   A Es un guitarrista fenomenal.

   B Presenta un concierto de música tradicional.

   C Es el líder del famoso Mariachi Azteca.

   D Esta actividad es muy popular.

Vocabulario y comprensión (continuación)

3. **Vocabulario**   Complete the following questions.

Part A: The Mexican school depicted in the reading has a "*banda militar*". Which is the English equivalent of this term?

A garage band   **C** military band

B marching band   **D** concert band

Part B: What evidence in the reading helped you with your answer?

A La banda militar es reconocida internacionalmente.

B La banda ganó tres campeonatos internacionales.

C La marcha de rutina libre es nuestra competición favorita.

D Los ensayos son todos los días.

4. **Ideas clave y detalles**   According to the reading, which extracurricular activity requires the greatest time commitment?

A banda militar   **C** mariachi

B boliche   **D** canto

5. **Ideas clave y detalles**   According to the information presented in the reading, which of the following is **NOT** a requirement to join the singing club of the Colegio Benemérito de las Américas?

A cantar muy bien

B tomar lecciones de canto todos los días

C participar en un concierto invernal

D saber música clásica

6. **Ideas clave y detalles**   Which of the following sentences best describes the extracurricular activities of this school?

A Hay ensayos de banda y de boliche todos los días.

B Los estudiantes constantemente ganan competiciones internacionales.

C Hay deportes, disciplinas artísticas y pasatiempos.

D No hay mucha variedad en las actividades de este colegio.

Tema 1   Tu día escolar: Lectura 2

Dos chicos con ritmo

1 Dos estudiantes del club de baile del Colegio Valparaíso, Juan Carlos y Amanda
5 Rodríguez, cautivaron a los espectadores del Festival de Danza Tradicional Chilena. La coreografía, los vestuarios y el ritmo de
10 los hermanos Rodríguez fueron irresistibles para los jueces (*judges*). Especialmente les gustó la cueca, el baile nacional de
15 Chile. Los chicos recibieron muchos aplausos. Con este triunfo, ganaron la oportunidad de representar a Chile en el Festival
20 Latinoamericano de Baile Folclórico.

"Nos preparamos todo el año para este momento. Las lecciones y los ensayos tomaron mucho tiempo, pero valió la pena. ¡Gracias!"
—Amanda Rodríguez

Esta es la primera participación de los hermanos Rodríguez.
25 Ellos son hijos de dos bailarines profesionales.

Los señores Rodríguez dirigen el club de baile en el colegio. "Las actividades
30 extracurriculares son muy importantes para los jóvenes," la mamá de los chicos explicó.

Juan Carlos y Amanda
35 comparten la pasión por la danza. Pero Juan Carlos es un chico muy serio que prefiere el ajedrez y los libros. Amanda, por el
40 contrario, siempre está en movimiento. Ella participa también en la orquesta y en el coro. "Si no voy a ser bailarina, quiero ser
45 cantante," dijo.

El Colegio Valparaíso es un modelo para las escuelas de Chile. Las actividades
50 extracurriculares son excepcionales. Además de equipos de fútbol, tenis y básquetbol, hay grupos de fotografía, de
55 artes marciales y hasta un equipo de bolos. También hay un club de debate y un club de escritura. Juan Carlos y
60 Amanda Rodríguez están orgullosos (*proud*) de su escuela. "Representar a Chile y a nuestro colegio internacionalmente es muy
65 especial. Estamos felices con esta oportunidad," Juan Carlos explicó. "Vamos a practicar mucho".

70 Estamos seguros (*sure*) de que los hermanos Rodríguez van a ganar. ¡Buena suerte!

Tema 1

Vocabulario y comprensión

1. **Vocabulario** Complete the following questions.

Part A: Read this excerpt from the text: "… *Juan Carlos y Amanda Rodríguez, cautivaron a los espectadores del Festival de Danza Tradicional Chilena*" [lines 4–8]. From the context of the the first paragraph, identify two words that have the same meaning as "*cautivaron*".

   A prepararon

   B fascinaron

   C ganaron

   D encantaron

Part B: Which details from the reading support your answer? Select **two**.

   A "La coreografía, los vestuarios y el ritmo de los hermanos Rodríguez fueron irresistibles para los jueces."

   B "Nos preparamos todo el año para este momento."

   C "Los chicos recibieron muchos aplausos."

   D "Con este triunfo, ganaron la oportunidad de representar a Chile."

2. **Vocabulario** In the sentence, "*La coreografía, los vestuarios y el ritmo de los hermanos Rodríguez fueron irresistibles para los jueces*" [lines 8–12], what can you infer is the meaning of "*vestuarios*"?

   A la ropa que usaron

   B la cueca que bailaron

   C la música que tocaron

   D los espectadores que aplaudieron

Vocabulario y comprensión (continuación)

3. **Composición y estructura**   Complete the following questions.

   Part A: Based on the interview, what do Juan Carlos and Amanda have in common? Choose **two**.

   A They love to dance and represent their country.

   B They are both involved in activities related to the arts.

   C They do other after-school activities not related to dancing.

   D They are both very serious and proud of their school.

   Part B: Identify **two** ideas the author uses to contrast the different personalities of Juan Carlos and Amanda.

   A Juan Carlos está orgulloso de representar a Chile.

   B Amanda está feliz con la oportunidad de ir al festival.

   C Amanda siempre está en movimiento.

   D Juan Carlos prefiere el ajedrez y los libros.

4. **Ideas clave y detalles**   In the selection, Amanda Rodríguez says, "*Las lecciones y los ensayos tomaron mucho tiempo, pero valió la pena*". What can you infer that "*valió la pena*" means?

   A Rehearsals were very long and painful.

   B Lessons and rehearsals were all worth it.

   C They had no time for practice and classes.

   D Time is too valuable to spend in lessons.

5. **Ideas clave y detalles**   According to the reading, what can be inferred about the "*cueca*"?

   A Es un baile típico de Chile.

   B Es la ropa típica de Chile.

   C Es una actividad extracurricular.

   D Es una actividad deportiva.

Vocabulario y comprensión (continuación)

6. Ideas clave y detalles Which of the following sentences best describes the conclusion of the selection?

    A El Colegio Valparaíso es un colegio muy caro.

    B Los estudiantes que tienen padres bailarines ganan competiciones.

    C Los estudiantes dedicados tienen oportunidades especiales.

    D Todos los hermanos que ganan competiciones tienen intereses similares.

Nombre _____ Fecha _____

Tu día escolar: Lectura 3

Las actividades extraescolares y el tiempo libre

por Doctor Caleb Amezcua, psicólogo licenciado

1 ¿Qué debe hacer un estudiante después de las clases? Muchos padres de familia, maestros y estudiantes hacen esta pregunta. Los estudios más 5 recientes del Departamento de Educación confirman que los programas de actividades extraescolares son una opción saludable y educativa. Asistir a una sesión de yoga, mejorar la habilidad (*skill*) en 10 la guitarra o jugar al hockey son todas buenas opciones. Con estas actividades, el estudiante puede desarrollar (*develop*) sus talentos artísticos, sociales y deportivos.

Clubes artísticos

15 El baile, el coro y la orquesta son las actividades artísticas que los estudiantes prefieren más. Puede ser hip hop, ballet o danza folclórica. No importa. Lo que es fundamental es tomar lecciones. Participar 20 en un club de danza, por ejemplo, también es una forma de hacer ejercicio. El baile ayuda con la coordinación muscular. Los estudios sugieren que los clubes artísticos son un buen balance a las actividades 25 académicas.

Clubes de ocio

Hay otros clubes donde lo importante es simplemente divertirse (*having fun*). Estos clubes están dedicados a la convivencia 30 entre estudiantes. Ayudan a hacer amigos fuera del contexto escolar. Asistir a un club de ajedrez no solo ayuda a ganar partidos. Sirve también para estimular la actividad mental. La fotografía, por 35 ejemplo, es un pasatiempo que también requiere habilidades técnicas.

Clubes deportivos

Estos grupos son muy populares. El beneficio es la actividad física. Los 40 miembros practican deportes de equipo e individuales. Estos clubes promueven (*promote*) la competitividad y el compañerismo. Son un buen balance al trabajo escolar.

45 Clubes académicos

Los clubes académicos se enfocan (*focus*) en algunas materias escolares que les interesan a los estudiantes. Estos clubes usualmente ofrecen una atmósfera menos 50 seria que las clases regulares. Algunos estudiantes usan estos clubes como apoyo (*support*) al currículo escolar. Otros jóvenes prefieren enriquecer los programas académicos con lecciones adicionales 55 como inglés o francés, computación o escritura.

Los programas de actividades extraescolares son una buena idea para los jóvenes activos. Mantenerse ocupado 60 y productivo durante las tardes es importante. Pero el estudiante no debe ocuparse con demasiadas reuniones o prácticas.

Tres reglas esenciales para las actividades extraescolares:
1. Considerar los intereses personales del estudiante.
2. Combinar actividades académicas con las deportivas o de ocio.
3. No tener actividades extraescolares en exceso.

Nombre _____ Hora _____

Tema 1

Fecha _____

Vocabulario y comprensión

1. **Vocabulario**   Which type of after-school club mentioned in the article focuses solely on pastimes or hobbies?

   A los clubes artísticos

   B los clubes de ocio

   C los clubes académicos

   D los clubes deportivos

2. **Vocabulario**   Dr. Amezcua says, "*Otros jóvenes prefieren enriquecer los programas académicos con lecciones adicionales como inglés o francés, computación o escritura.*" [lines 52–56] According to the context, what can you infer is the meaning of "*enriquecer*"?

   A enlarge

   B complete

   C add

   D enrich

3. **Vocabulario**   Complete the following questions.

   Part A: In the section "*Clubes de ocio*", the author says "*Estos clubes están dedicados a la convivencia entre estudiantes. Ayudan a hacer amigos fuera del contexto escolar.*" [lines 28–31] According to the context, which of the following **best** describes the meaning of "*convivencia*"?

   A relacionarse bien con otras personas

   B ejercitar la actividad mental

   C ayudar a ganar partidos

   D participar en pasatiempos individuales

   Part B: Which phrase in the quote above **best** supports your answer?

   A estos clubes están dedicados

   B fuera del contexto escolar

   C ayudan a hacer amigos

   D entre estudiantes

Vocabulario y comprensión (continuación)

4. **Ideas clave y detalles**   According to the author, which is the best dance style for an extracurricular activities program?

   A el hip hop   **C** la danza clásica

   B los bailes folclóricos   **D** todos los tipos

5. **Ideas clave y detalles**   Which of the following choices **best** summarizes the main idea of the selection?

   A Las actividades extraescolares son un pasatiempo que les gusta a los jóvenes.

   B Los clubes extraescolares enriquecen el programa académico con lecciones adicionales.

   C Las actividades extraescolares ayudan a mejorar los talentos artísticos, sociales y deportivos de los jóvenes.

   D Hay muchos tipos de actividades extraescolares para jóvenes pero no todos son atléticos.

6. **Ideas clave y detalles**   According to Dr. Amezcua, what is important when selecting an extracurricular activities program?

   A un programa con actividades físicas

   B actividades artísticas competitivas

   C programas de interés para el estudiante

   D programas con enfoque académico

7. **Integración de conocimientos**   The three readings share common ideas. Which of the following is **NOT** one of the shared ideas?

   A Las actividades extracurriculares son productivas para los jóvenes.

   B Participar en actividades extracurriculares en exceso es bueno para ganar competiciones.

   C Hay actividades extracurriculares para intereses diferentes.

   D El ajedrez es solamente para los estudiantes serios.

Tema 1   Tu día escolar: Integración de ideas

Escribir

Draw a table like the one below and use Dr. Amezcua's categories to classify the extracurricular activities in the schools mentioned in *Lectura 1* and *Lectura 2*. Then, write a paragraph evaluating whether the programs follow Dr. Amezcua's recommendations. On the basis of their extracurricular activities, which school would you like to attend? Why?

Actividades extracurriculares

Escuela	Artísticas	De ocio	Deportivas	Académicas
Colegio Benemérito de las Américas				
Colegio Valparaíso				

_____

_____

_____

_____

_____

Writing Task Rubric

	Score: 1 Does not meet expectations	Score: 3 Meets expectations	Score: 5 Exceeds expectations
Completion of task	Does not complete the task within context of the topic.	Partially completes the task within context of the topic.	Effectively completes the task within context of the topic.
Use of evidence	Student presents no evidence from the selections to support response.	Student presents evidence from two selections to support response.	Student presents evidence from all three selections to support response.
Comprehensibility	Student's ideas are unclear and are difficult to understand.	Student's ideas are somewhat clear and coherent and fairly well understood.	Student's ideas are clear, coherent, and easily understood.
Language use	Very little variation of vocabulary use with many grammatical errors.	Limited usage of vocabulary with some grammatical errors	Extended use of a variety of vocabulary with very few grammatical errors.
Fluency	Uses simple sentences or fragments.	Uses complete but simple sentences.	Uses a combination of simple and complex sentences.

Tema 1

Tu día escolar: Integración de ideas (continuación)

Hablar y escuchar

Create a table similar to the one on page 104 and complete it with a list of the activities that your school offers. Compare your school's activities to those in the first two readings. If your school does not offer certain extracurricular activities that interest you or students you know, add these activities to your table. When you finish, compare your activity list with those of a few classmates. Which are the most popular extracurricular activities in your school? Which are the ones most requested? Work with a partner or in a small group to suggest new after-school clubs for your school. Explain the reasons to support your suggestions using the information presented in *Lectura 3*. Create a visual to support your suggestions.

Presentational Speaking Task Rubric

	Score: 1 **Does not meet expectations**	Score: 3 **Meets expectations**	Score: 5 **Exceeds expectations**
Completion of task	Does not complete the task within context of the topic.	Partially completes the task within context of the topic.	Effectively completes the task within context of the topic.
Use of evidence	Student presents no evidence from the selections to support response.	Student presents evidence from two selections to support response.	Student presents evidence from all three selections to support response.
Comprehensibility	Student's ideas are unclear and are difficult to understand.	Student's ideas are somewhat clear and coherent and fairly well understood.	Student's ideas are clear, coherent, and easily understood.
Language use	Very little variation of vocabulary use with many grammatical errors.	Limited usage of vocabulary with some grammatical errors.	Extended use of a variety of vocabulary with very few grammatical errors.
Use of visuals in presentation	Student does not include visual support in the presentation.	Student uses visual support that is somewhat difficult to understand, incomplete, and/or inaccurate.	Student uses visual support that is easy to understand, complete, and accurate.

Nombre _____ Fecha _____

Tema 2 — Un evento especial: Lectura 1

La buena presentación

por Pablo López, editor de **Revista Moda Moderna**

1 Hay muchas razones (*reasons*) para levantarte temprano y planear la ropa que vas a usar. Tus padres tal vez te han dicho: "La primera impresión es la que vale (*counts*)." ¡No bosteces (*yawn*)! Es cierto. Las personas notan (*notice*) cuando estás bien vestido. Por ejemplo, una persona con jeans sucios o ropa arrugada (*wrinkled*) da la impresión
5 que la persona es floja o que nada le importa. Además, la ropa adecuada te da confianza (*confidence*). Te vas a sentir (*to feel*) mejor si te arreglas el pelo y te vistes bien. No hay nada mejor que cuando te miras en el espejo y piensas: "¡Me gusta lo que veo!" Recuerda que la moda es una manera de expresión. Expresas tu personalidad a través de la ropa que usas y así las personas tienen una idea de cómo eres. Sigue las reglas y no vas a tener problemas.

Reglas básicas de la moda

Chicos

1. No debes ponerte pantalones demasiado cortos. Nunca quieres que te vean los calcetines.
2. Unos pantalones con camisa blanca y zapatos negros siempre es una buena combinación.
3. Cómprate un par de zapatos y un cinturón de cuero de buena marca.
4. NUNCA debes usar calcetines con sandalias.
5. Aprende a usar una corbata.

Chicas

1. Menos es más. No debes usar demasiado maquillaje ni debes ser exagerada con tus accesorios.
2. Escoge la ropa apropiada para tu cuerpo y para la situación.
3. Sé creativa. Puedes combinar colores y patrones, pero nunca debes combinar más que dos.
4. Usa ropa que te quede bien y que esté cómoda. Las faldas, los pantalones y las blusas super apretados no son atractivos.
5. No es bueno vestirte de un solo color. Nunca debes combinar tu bolso rojo con tus zapatos rojos con tus uñas rojas con tu blusa roja. No quieres parecerte a una señal de parada (*stop sign*), ¿verdad?

Nombre _____   Hora _____

Fecha _____

Vocabulario y comprensión

1. **Vocabulario**   Complete the following questions.

Part A: Read the text: *"Por ejemplo, una persona con jeans sucios o ropa arrugada da la impresión que esta persona es floja o que nada le importa."* [lines 5–6] In the context of the magazine article, what is a synonym for *"floja"*?

A arreglada	**C** desordenada
B sucia	**D** impresionada

Part B: Three expressions from the reading most likely helped you with your answer to the previous question. Which expression probably did **NOT** help you?

A nada le importa	**C** la ropa adecuada
B los jeans sucios	**D** la ropa arrugada

2. **Ideas clave y detalles**   If she follows López's advice for *"Chicas"*, which item is a girl **most** likely to wear on a first date to a local restaurant?

A una blusa de flores blancas con una falda negra y aretes

B aretes blancos y grandes con un collar blanco y zapatos blancos

C un vestido largo de color negro con unas joyas elegantes

D unos jeans de buena marca con una blusa muy apretada

3. **Ideas clave y detalles**   Complete the following questions.

Part A: What is the overall tone of the magazine article?

A serious	**C** somber
B informal	**D** arrogant

Part B: Which of the following examples from the text would you select to support your answer to the previous question?

A "No quieres parecerte a una señal de parada, ¿verdad?"

B "NUNCA debes usar calcetines con sandalias."

C "Recuerda que la moda es una manera de expresión."

D "Usa ropa que te quede bien."

Vocabulario y comprensión (continuación)

4. Composición y estructura Why do you think the author wrote *"NUNCA"* in all capital letters?

   A to emphasize his point

   B to draw attention to the clothing

   C to help readers understand the item

   D to mislead readers

5. Ideas clave y detalles What does the author mean when he writes *"¡No bosteces!"* [line 4]?

   A The previous statement will most likely put the reader to sleep.

   B The author is sleepy and is trying desperately to wake up.

   C The author doesn't want the reader to be turned off by the previous statement.

   D The reader should wake up and keep reading to learn something.

6. Ideas clave y detalles ¿Cuál es la idea principal de esta lectura?

   A Los hombres y las mujeres tienen diferentes maneras de vestirse.

   B Es necesario seguir estas reglas cuando estás en casa.

   C Las primeras impresiones son muy importantes.

   D La moda no hace impresión en las personas.

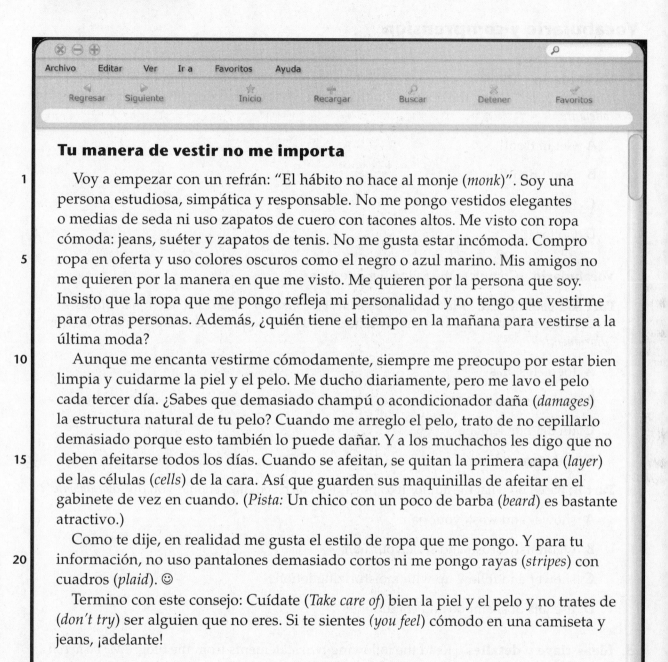

Tu manera de vestir no me importa

1   Voy a empezar con un refrán: "El hábito no hace al monje (*monk*)". Soy una persona estudiosa, simpática y responsable. No me pongo vestidos elegantes o medias de seda ni uso zapatos de cuero con tacones altos. Me visto con ropa cómoda: jeans, suéter y zapatos de tenis. No me gusta estar incómoda. Compro

5   ropa en oferta y uso colores oscuros como el negro o azul marino. Mis amigos no me quieren por la manera en que me visto. Me quieren por la persona que soy. Insisto que la ropa que me pongo refleja mi personalidad y no tengo que vestirme para otras personas. Además, ¿quién tiene el tiempo en la mañana para vestirse a la última moda?

10   Aunque me encanta vestirme cómodamente, siempre me preocupo por estar bien limpia y cuidarme la piel y el pelo. Me ducho diariamente, pero me lavo el pelo cada tercer día. ¿Sabes que demasiado champú o acondicionador daña (*damages*) la estructura natural de tu pelo? Cuando me arreglo el pelo, trato de no cepillarlo demasiado porque esto también lo puede dañar. Y a los muchachos les digo que no

15   deben afeitarse todos los días. Cuando se afeitan, se quitan la primera capa (*layer*) de las células (*cells*) de la cara. Así que guarden sus maquinillas de afeitar en el gabinete de vez en cuando. (*Pista:* Un chico con un poco de barba (*beard*) es bastante atractivo.)

    Como te dije, en realidad me gusta el estilo de ropa que me pongo. Y para tu

20   información, no uso pantalones demasiado cortos ni me pongo rayas (*stripes*) con cuadros (*plaid*). ☺

    Termino con este consejo: Cuídate (*Take care of*) bien la piel y el pelo y no trates de (*don't try*) ser alguien que no eres. Si te sientes (*you feel*) cómodo en una camiseta y jeans, ¡adelante!

25   XOXO
    Cristina

Vocabulario y comprensión

1. **Vocabulario** The final sentence of the blog states *"Si te sientes cómodo en una camiseta y jeans, ¡adelante!"* Using the opinions in the blog as a clue, what does the writer mean by *"adelante"*?

   A Get in front!

   B Don't do it!

   C Be careful!

   D Go for it!

2. **Vocabulario** Complete the following questions.

   Part A: Read the text: *"Me ducho diariamente, pero me lavo el pelo cada tercer día."* [lines 11–12] Based on the context of the sentence, what **two** expressions could you also use for *"diariamente"*?

   A todos los días

   B una vez por día

   C un día por semana

   D cada tercer día

   Part B: Based on what the author recommends, which activities should you do *"diariamente"*?

   A shower and wash your hair

   B vigorously brush and style your hair

   C shower and follow up with moisturizing lotion

   D use lots of shampoo and conditioner

3. **Ideas clave y detalles** Read the following two statements from the blog: *"Me visto con ropa cómoda"* and *"No me gusta estar incómoda"*. [lines 3–4] Which of the following items can you infer that the author of the blog might wear?

   A vestido rosado corto y muy apretado

   B falda azul marino con botas de tacón alto

   C vestido de seda elegante y zapatos con tacones altos

   D pantalones con suéter negro y zapatos de tenis

Vocabulario y comprensión (continuación)

4. **Ideas clave y detalles**   Complete the following questions.

   Part A: Which statement **best** reflects the main idea of the reading?

   A Be yourself when you dress.

   B Dress for special occasions.

   C Wear the latest to be the greatest.

   D Clothes make the man.

   Part B: How does the saying *"El hábito no hace al monje"* [line 1] from the reading support the main idea?

   A It reinforces the fact that monks dress well.

   B It maintains the idea that the clothes don't make the person.

   C It reflects how important it is to dress for the occasion.

   D It describes the monks' habits of dressing informally.

5. **Ideas clave y detalles**   Which **two** statements best describe the author of the blog?

   A She is an extremely confident person.

   B She is thrifty and makes wise choices.

   C She follows the crowd whenever possible.

   D She is very conscious of what she wears.

6. **Integración de conocimientos**   Which statement from the first reading selection would the author of the blog **most likely** agree with?

   A Usa ropa que te quede bien y que esté cómoda.

   B No debes vestirte con un solo color.

   C Escoge la ropa apropiada para la situación.

   D Sé creativa. Puedes combinar muchos colores y patrones.

Un evento especial: Lectura 3

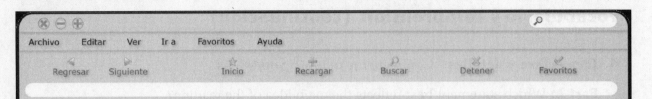

Códigos de vestir: ¿Como te ven, te tratan?

1   Para ir a trabajar, Ernesto Gutiérrez se pone unos jeans, unos tenis de diseño exclusivo y una camisa de cuadros. Ernesto trabaja para una empresa de tecnología, en donde el código de vestir es bastante relajado.

—No me imagino con un traje

5   y una corbata todo el día —dice Ernesto—. Es una forma de vestirse muy anticuada. Mi padre todavía se viste elegantemente para ir a trabajar al banco, como

10   si fuera (*as if he were going*) a una boda. Yo prefiero vestirme así, con ropa más cómoda y más moderna. Si voy a estar todo el día en la oficina, necesito

15   verme bien, pero con prendas confortables.

Ernesto tiene colegas que usan ropa más casual todavía. Por ejemplo, uno de sus colegas con frecuencia lleva sudaderas (*sweatshirts*) y un gorro de béisbol con el logo de su equipo favorito.

20   Otra colega lleva a veces unas sandalias abiertas o jeans intencionalmente rasgados (*ripped*). Aunque no hay un código de vestir muy establecido en la empresa de tecnología, Ernesto opina que debe haber ciertos límites.

—La ropa debe reflejar la vibra (*vibe*) de la empresa —explica Ernesto—. Es una compañía juvenil y energética. Trabajamos muchas horas todos los días. Por

25   eso, creo que está bien usar prendas de moda, colores brillantes, ropa práctica y cómoda. Sin embargo (*However*), también es bueno recordar que estamos en un lugar de trabajo, no en el patio de la escuela.

Con frecuencia, Ernesto trabaja doce horas o más en la oficina. Además de cómodo, quiere verse muy bien.

30   —Trabajo mucho y gano buen dinero. Como no estoy casado ni tengo hijos, puedo gastar mi dinero en ropa de marca. No quiero ni decirte cuánto me costaron estos jeans que llevo puestos. Así me gusta vestirme: casual, pero a la moda. Con un traje y una corbata no podría (*I would not be able to*) trabajar tantas horas.

35   Como las empresas de tecnología, el código de vestir tan relajado es relativamente nuevo. Sin embargo, este código de vestir ha tenido (*has had*) mucha influencia en los códigos de otras industrias corporativas. Hasta (*Until*) hace unas décadas, la norma era (*was*) que los hombres llevaran (*wore*) corbata y las mujeres se pusieran (*put on*) zapatos de tacón. Gradualmente se introdujo (*was introduced*) el concepto del "viernes casual": el último día de la semana laboral, los empleados

40   pueden usar ropa más relajada, como pantalones de kaki, camisas casuales y mocasines (*loafers*). Sin embargo, con el éxito y la abundancia de las jóvenes empresas de tecnología, los códigos de vestir se han relajado mucho más. Ahora los jeans de colores oscuros son con frecuencia aceptados en muchas otras empresas.

   Las excepciones (es decir, las compañías con códigos de vestir más estrictos) son las

45   empresas en donde los empleados deben interactuar con los clientes. Como dice el padre de Ernesto Gutiérrez, quien trabaja en un banco:
—"Como te ven, te tratan." En otras palabras: "La ropa hace al hombre". ¿Quién va a querer hacer negocios contigo si estás vestido con harapos (*rags*)?

Tema 2

Vocabulario y comprensión

1. Vocabulario   Complete the following questions.

Part A: Read this sentence from the text: *"Si voy a estar todo el día en la oficina, necesito verme bien, pero con prendas confortables."* [líneas [12–14] What does the word *"prendas"* mean?

A men's hair styles

C bright colors

B office furniture

D articles of clothing

Part B: Which sentence from the text best helps you understand the meaning of *"Como te ven, te tratan"*?

A La ropa hace al hombre.

C El código de vestir es bastante relajado.

B Trabajo mucho y gano buen dinero.

D Estamos en un lugar de trabajo.

2. Ideas clave y detalles   According to the reading, what is the main influence technology companies have had on the corporate dress code?

A people no longer dress appropriately

B it has become more casual

C it has become more formal

D employees no longer know how to dress for work

3. Ideas clave y detalles   Why should employees dress casually, according to Ernesto?

A to be comfortable during the long workday

B so they can feel like they are still in college

C to project a laid-back image to potential clients

D because they shouldn't have to buy nice clothes to sit at a computer all day

4. Ideas clave y detalles   According to the article, which types of companies tend to have stricter dress codes?

A companies that sell expensive products

B companies located in urban areas

C companies where there is a lot of interaction with clients

D companies with an older work force

Vocabulario y comprensión (continuación)

5. Ideas clave y detalles   Which statement best captures Ernesto's opinion about dressing for work?

  A Debes estar cómodo todo el tiempo.

  B No debes llevar jeans rasgados.

  C Es importante estar de moda.

  D Es importante estar cómodo, pero debe haber límites.

6. Ideas clave y detalles   Which statement best characterizes how Ernesto's attitude is similar to or different from his father's?

  A Ernesto likes nice clothes but his father doesn't.

  B Ernesto's father doesn't like what Ernesto wears to work.

  C Ernesto and his father both think it's important to look nice at work, but they may define "nice" differently.

  D Ernesto, like his father, wears a suit and tie to work occasionally.

7. Composición y estructura   What does the author accomplish by mentioning Ernesto's father at the beginning and end of the reading?

  A The author wants the reader to get to know Ernesto's father.

  B The author establishes a contrast between two opinions.

  C The author is on Ernesto's father's side, and he wants readers to know it.

  D Ernesto's father's quote is the basis for the article.

8. Integración de conocimientos   What do all three reading selections have in common?

  A Tienen una lista de reglas sobre la presentación personal.

  B Contienen opiniones o recomendaciones sobre la presentación personal.

  C Hablan del estilo de zapatos que debes usar para vestirte bien.

  D Dan información sobre cómo maquillarse de una manera atractiva.

Tema 2 — Un evento especial: Integración de ideas

Escribir

Write a paragraph in Spanish in which you respond **Sí** or **No** to the following question: *Cuando las personas te conocen por primera vez, ¿crees que tu ropa importa?* Cite evidence from all three readings to support your response.

_____

_____

_____

_____

_____

Writing Task Rubric

	Score: 1 Does not meet expectations	Score: 3 Meets expectations	Score: 5 Exceeds expectations
Completion of task	Does not complete the task within context of the topic.	Partially completes the task within context of the topic.	Effectively completes the task within context of the topic.
Use of evidence	Student presents no evidence from the selections to support response.	Student presents evidence from two selections to support response.	Student presents evidence from all three selections to support response.
Comprehensibility	Student's ideas are unclear and are difficult to understand.	Student's ideas are somewhat clear and coherent and fairly well understood.	Student's ideas are clear, coherent, and easily understood.
Language use	Very little variation of vocabulary use with many grammatical errors.	Limited usage of vocabulary with some grammatical errors.	Extended use of a variety of vocabulary with very few grammatical errors.
Fluency	Uses simple sentences or fragments.	Uses complete but simple sentences.	Uses a combination of simple and complex sentences.

Nombre _____ Fecha _____

Tu día escolar: Integración de ideas (continuación)

Hablar y escuchar

Work with a partner to create a "personal style guide" for teenagers. Create a guide, with visuals, of your "top 10" essential clothing and accessory items for each of these situations: school, going out on a weekend, and a job interview. Include information on hair and accessorizing. Present your guide to the class and justify your choices based on information in the three readings.

Presentational Speaking Task Rubric

	Score: 1 **Does not meet expectations**	Score: 3 **Meets expectations**	Score: 5 **Exceeds expectations**
Completion of task	Does not complete the task within context of the topic.	Partially completes the task within context of the topic.	Effectively completes the task within context of the topic.
Use of evidence	Student presents no evidence from the selections to support response.	Student presents evidence from two selections to support response.	Student presents evidence from all three selections to support response.
Comprehensibility	Student's ideas are unclear and are difficult to understand.	Student's ideas are somewhat clear and coherent and fairly well understood.	Student's ideas are clear, coherent, and easily understood.
Language use	Very little variation of vocabulary use with many grammatical errors.	Limited usage of vocabulary with some grammatical errors.	Extended use of a variety of vocabulary with very few grammatical errors.
Use of visuals in presentation	Student does not include visual support in the presentation.	Student uses visual support that is somewhat difficult to understand, incomplete, and/or inaccurate.	Student uses visual support that is easy to understand, complete, and accurate.

Tema 3 — Tú y tu comunidad: Lectura 1

El barrio San Telmo, Buenos Aires

1 Me llamo Paula y soy argentina. Cuando digo que soy de Buenos Aires, la gente reacciona con "¡Qué ciudad tan grande! ¡Cuánta gente!" Pero no me
5 pierdo en la multitud porque vivo en la comunidad de San Telmo. Hay una abundancia de residentes en Buenos Aires (aproximadamente tres millones), pero San Telmo es un barrio más íntimo. Allí,
10 soy parte de una *comunidad*.

El barrio San Telmo es famoso por su arquitectura. Hace más de cien años, la clase alta de Buenos Aires hizo construir (*had built*) mansiones elegantes en esta
15 parte de Buenos Aires. Estos edificios elegantes todavía existen, pero fueron abandonados cuando la gente rica dejó San Telmo porque hubo una epidemia de cólera. Años después, un grupo de
20 músicos y artistas renovaron el barrio, y convirtieron estas mansiones para usos diferentes: apartamentos, cafés, teatros y salones de tango. Como soy una persona muy artística, la belleza del barrio es algo
25 que me encanta.

¿Cómo es la vida (*life*) en San Telmo? La vida es… pues… *viva*. De veras, San Telmo está lleno de vida.
30 Solo hay que sentarse en el patio de un café en la calle Defensa y mirar a la gente. Hay artistas que cantan o bailan tango en la calle, y
35 casi siempre se puede oír (*hear*) a alguien tocando el bandoneón. Entre los peatones que pasan delante del café, hay profesionales,
40 artistas, estudiantes, y gente mayor, todos creando un ambiente (*atmosphere*) dinámico. Durante la semana, prefiero ir al Mercado San Telmo, que queda en la calle Carlos Calvo. Allí puedo comprar de
45 todo: juguetes, ropa, frutas y vegetales. Me encantan las empanadas de pollo que venden. Si no quiero ir al mercado, el Museo de Arte Moderno queda muy cerca. No paso mucho tiempo en mi apartamento.
50 Hay demasiadas cosas para ver y hacer.

Los fines de semana, el barrio San Telmo se transforma. Muchos de los habitantes salen de la ciudad al campo o a la playa, y San Telmo se pone (*becomes*) tranquilo. Pero
55 la tranquilidad no quiere decir una falta de actividad. La verdad es que el domingo es uno de los mejores días para pasear en San Telmo. La calle Defensa se convierte en la Feria de San Telmo, donde se puede
60 comprar libros, ropa, antigüedades y otras curiosidades. Y hay parejas bailando tango en la Plaza Dorrego los domingos por la noche. Hay algo para todos en San Telmo.

Bailando tango al aire libre, San Telmo, Buenos Aires

Tema 3

Vocabulario y comprensión

1. **Vocabulario**   Complete the following questions.

    Part A: Read this sentence from the text: *"Pero no me pierdo en la multitud porque vivo en la comunidad de San Telmo."* [line 4] Based on the context of the reading, which of the following phrases from the text is synonymous with the word *"multitud"*?

       A ambiente dinámico   **C** algo para todos

       B barrio muy íntimo   **D** abundancia de personas

    Part B: Using your choice above, select the English equivalent for the word *"multitud"* in the same paragraph.

       A atmosphere   **C** crowd

       B neighborhood   **D** experience

2. **Vocabulario**   Read this sentence from the text: *"Hay artistas que cantan o bailan tango en la calle, y casi siempre se puede oír alguien tocando el bandoneón."* [lines 33–37] What is a *"bandoneón"*?

       A a tango dancer   **C** an artist

       B a singer   **D** a musical instrument

3. **Vocabulario**   Complete the following questions.

    Part A: Read this exerpt from the text: *"¿Cómo es la vida en San Telmo? La vida es… pues… viva."* [line 26] Which of the following phrases from the text best defines the word *"viva"*?

       A *"algo que me encanta"*   **C** *"más íntimo"*

       B *"llena de vida"*   **D** *"falta de actividad"*

    Part B: Which of the following statements does **NOT** support the narrator's claim that life in San Telmo is *"viva"*.

       A Hay muchas mansiones elegantes.

       B Hay parejas bailando tango en la Plaza Dorrego.

       C Hay muchos peatones que pasan por las calles.

       D Hay artistas que cantan o tocan música en las calles.

Vocabulario y comprensión (continuación)

4. **Ideas clave y detalles**   The sentences that follow summarize the history of San Telmo. Number the events in the order that they occurred.

_____ **A** Many larger buildings were converted into cafés, theaters, and apartments.

_____ **B** An outbreak of cholera caused many people to leave the neighborhood.

_____ **C** Artists and musicians moved into San Telmo.

_____ **D** The wealthy people of Buenos Aires lived in San Telmo and built mansions.

5. **Ideas clave y detalles**   In San Telmo, Paula enjoys all of the following **except:**

A oír a alguien tocando el bandoneón

B comprar en los mercados

C pasear por el barrio los domingos

D quedarse en su apartamento

6. **Ideas clave y detalles**   What are weekends like in San Telmo?

A Hay muchos turistas y residentes en el barrio.

B Es tranquilo porque no hay nada que hacer.

C Es tranquilo, pero todavía hay mucho que hacer.

D Hay muchísimos mercados y el barrio está lleno de gente.

Tema 3 — Tú y tu comunidad: Lectura 2

El barrio La Latina, Madrid

1 Soy Jaime, madrileño de pura sangre. Nací (*I was born*) en Madrid y todavía vivo aquí. Vivo en el barrio La Latina que es, en mi opinión, el mejor de toda
5 la capital. Pues, ¿por qué? Porque tiene una energía sin rival. Y lo que más me fascina es la coexistencia de lo antiguo y lo moderno: al lado de los restaurantes y clubes modernos, todavía existen ruinas
10 de las murallas (*walls*) medievales que rodeaban (*surrounded*) esa parte de la capital. En las viejas calles estrechas, pasan coches muy modernos.

Pues, ¿qué haces si visitas La Latina?
15 Hay un sinfín de opciones. Primero, tienes que explorar el parque y las calles. Por la mañana, el barrio está tranquilísimo. Es buena hora para un paseo (*stroll*) relajante. Debes pasar por la Plaza de la Cebada y la
20 Plaza de la Paja. ¡Son preciosas! Un paseo por el Parque de la Cornisa es agradable, también. Allí puedes visitar la Basílica de San Francisco el Grande, para ver las obras impresionantes de artistas famosos
25 de España como Goya y Zurbarán.

¿Y después de caminar tanto? Pues, puedes pasar la tarde explorando las atracciones del barrio: librerías, tiendas de ropa o galerías de arte. Y seguro que
30 vas a tener hambre. ¡Cómo no! Hay que tapear. Hay numerosos lugares que sirven tapas deliciosas. Mis favoritos están en la Plaza de la Cebada. Muchos abren aproximadamente a las 17:00h y
35 quedan abiertos hasta muy tarde. Lleva a unos amigos porque las tapas son para compartir. Durante el verano disfruta de (*enjoy*) una ración de queso manchego, patatas bravas o jamón ibérico mientras
40 te sientas en la terraza de uno de estos establecimientos.

Durante los fines de semana, La Latina está llena de gente. Sería trágico estar en Madrid el domingo y no visitar La Latina,
45 pues los domingos, se abre el mercado más famoso del país: El Rastro. ¿Necesitas una chaqueta de cuero? ¿Buscas unos aretes de plata? Pues, en El Rastro puedes comprar de todo. Hay más de mil vendedores. Abre
50 a las nueve. Tienes que llegar temprano para encontrar la mejor variedad de productos. ¡Y no te olvides de regatear! Es posible pagar un buen precio si 55 sabes negociar con los vendedores.

Pues, ¿para qué esperas? ¡Vente ya a visitarnos en La Latina! 60

Un café al aire libre, barrio La Latina, Madrid

Vocabulario y comprensión

1. **Vocabulario**   Read this sentence from the text: "*Soy Jaime, madrileño de pura sangre. Nací en Madrid y todavía vivo aquí.*" [line 1] Using the context, which of the following can you infer is the equivalent of the phrase "*de pura sangre*"?

   A through and through

   B sort of

   C half-heartedly

   D accidentally

2. **Vocabulario**   Read this sentence from the text: "*Pues, ¿qué haces si visitas La Latina? Hay un sinfín de opciones.*" [line 14] Based on the context and your knowledge of Spanish, what is meant by the phrase "*sinfín de opciones*"?

   A plenty of things to do

   B several things to do

   C a limited number of things to do

   D an endless number of things to do

3. **Vocabulario**   Complete the following questions.

   Part A: Read this passage from the text: "*Hay que tapear. Hay numerosos lugares que sirven tapas deliciosas.*" [lines 30–32] Based on the context, which of the following describes "*tapear*"?

   A bailar

   B explorar

   C comer

   D beber

   Part B: Which of the following are examples of "*tapas*"? Choose **two**.

   A terraza

   B jamón

   C queso

   D bravas

Tema 3

Vocabulario y comprensión (continuación)

4. **Ideas clave y detalles** What does Jaime find most fascinating about La Latina?

   A the diverse mix of people

   B the mix of old and new

   C the vendors in the Rastro

   D the artistic works of Goya and Zurbarán

5. **Ideas clave y detalles** Which of the following best summarizes Jaime's description of La Latina?

   A La Latina is the most modern neighborhood in Madrid.

   B La Latina is a peaceful residential neighborhood surrounded by beautiful parks.

   C Although there are plenty of stores, there is nowhere to eat in La Latina.

   D In La Latina, there are parks, shopping, art, and restaurants. It's a lively place.

6. **Integración de conocimientos** Both Jaime and Paula mention that their neighborhoods

   A are quiet on the weekends.

   B are very modern.

   C are lively, energetic places.

   D are home to a diverse group of people.

7. **Integración de conocimientos** San Telmo and La Latina have all of the following in common, **except:**

   A They are quiet on the weekends.

   B There is a popular market that takes place on Sunday.

   C Visitors can see works of art.

   D They are unique communities located in large capital cities.

Tema 3 — Tú y tu comunidad: Lectura 3

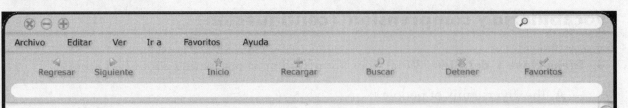

Crear comunidades para una vida mejor

1 Muchas comunidades quieren mejorar el uso de sus espacios públicos. El objetivo es crear lugares donde los residentes se reúnan (*gather*) para conectarse con los miembros de la comunidad.

En el pasado, los líderes de una comunidad o los planeadores urbanos decidieron

5 cómo usar los espacios públicos de la comunidad. Los residentes no tomaron parte en la decisión. Hoy en día, los residentes pueden participar en los planes y hacer decisiones sobre el uso de los espacios públicos de su comunidad. La participación directa de los residentes establece una conexión fuerte entre los habitantes y el lugar.

Según los expertos en la planificación urbana, la creación de una comunidad

10 empieza con la calle. Muchas veces, la calle es simplemente una vía de transporte. Pero es importante integrar las calles en el diseño y la vida de la comunidad. Los planeadores urbanos quieren transformar la calle en un centro de actividad.

Para transformar el uso de la calle, hay que mejorar el ambiente (*environment*). Esto se puede hacer de varias maneras. Una opción es incluir arte, como murales o

15 estatuas. Otra opción es crear plazas, parques o espacio en las veredas (*sidewalks*) para poner bancas (*benches*) y flores. Entonces la gente puede reunirse o descansar en estos lugares. Los residentes pueden organizar eventos para estos espacios también, como conciertos o dramas. Si hay espacio suficiente en la vereda, un restaurante o un café puede poner mesas y sillas para servir comida o bebidas. Así

20 la gente puede sentarse en un lugar cómodo y conversar o pasar tiempo.

Incluir espacios públicos en el diseño de la comunidad es importante en esta época (*age*) digital. ¿Pero a la gente le importa la comunidad física? ¿O prefiere las comunidades virtuales del Internet? Una bloguera norteamericana preguntó a sus lectores sobre la función de la comunidad. Aquí hay algunas respuestas:

"Para mí, la comunidad es como una familia. Comemos y hablamos juntos… los niños juegan… la casa se extiende por todo el barrio."

"Me encantan mis amigos digitales, pero no puedo pedir prestado un huevo a un amigo virtual. Dependo de los vecinos (*neighbors*) y los miembros de mi comunidad."

"Lo que el mundo necesita es más toques (*knocks*) a la puerta y menos *pings*."

25 Es obvio que las personas que respondieron quieren la conexión personal que ofrece la comunidad real.

Tema 3

Vocabulario y comprensión

1. **Vocabulario** Which of the following words in the text is **NOT** used to refer to people who live in a community?

   A los habitantes

   B los vecinos

   C los residentes

   D los planeadores

2. **Vocabulario** Complete the following questions.

   Part A: Read this passage from the text: "*Muchas comunidades quieren mejorar el uso de sus espacios públicos.*" [line 1] Which of the following is **NOT** an example of "*un espacio público*" as mentioned in the reading?

   A un parque

   B una vereda

   C una plaza

   D una vía de transporte

3. **Ideas clave y detalles** According to the reading, what needs to change about the streets of communities?

   A They should become centers of activity so that more people can gather in a community.

   B They should become less crowded to make it easier for people to move about a community.

   C They should be larger so that they can transport people in and out of a community's center.

   D They should be closed occasionally for concerts, presentations, and other events.

Vocabulario y comprensión (continuación)

4. **Ideas clave y detalles**   Complete the following questions.

Part A: According to the passage, how has urban planning changed in recent years?

A In the past, residents used to make decisions about public spaces, but nowadays, nobody cares about these spaces.

B In the past, residents used to make decisions about public spaces, but nowadays, urban planners and community leaders make these decisions.

C In the past, residents used to make decisions about public spaces using information from urban planners and community leaders, but nowadays residents make these decisions independently.

D In the past, urban planners and community leaders used to make decisions about public spaces, but nowadays, the residents are more involved in the decision-making process.

Part B: What is the outcome of the change in part A?

A There is a stronger connection between residents and the public spaces in their community.

B There is greater organization thanks to the expertise of urban planners.

C There are fewer people spending time in public spaces.

D There is overcrowding in the public spaces due to poor planning.

5. **Ideas clave y detalles**   Which of the following best summarizes what the survey respondents say about their communities?

A They value their communities, even if it's annoying when someone knocks on the door while they're on the Internet.

B They value their virtual communities because they have connections with friends and families.

C Although they value their virtual communities, the importance of real-life community connections cannot be replaced.

D Neighbors are just as important as family and cannot be replaced by online acquaintances.

Tema 3

Vocabulario y comprensión (continuación)

6. **Integración de conocimientos**   Read the following sentence from the text: *"El objetivo es crear lugares donde los residentes se reúnan para conectarse con los miembros de la comunidad."* [lines 1–3] Which of the narrators from *Lecturas 1* and 2 would agree that such places exist in his/her community?

   A Paula

   B Jaime

   C Paula y Jaime

   D ni Paula ni Jaime

Nombre _____ Fecha _____

Tema 3 — Tú y tu comunidad: Integración de ideas

Escribir

Write a paragraph in Spanish in which you compare and contrast San Telmo and La Latina. Use information from *Lecturas 1* and *2*. Include information on where people go, what types of places there are, and what makes each place unique. Explain how each place in these communities does or does not fit the examples of community space as described in *Lectura 3*.

_____

_____

_____

_____

_____

Writing Task Rubric

	Score: 1 Does not meet expectations	Score: 3 Meets expectations	Score: 5 Exceeds expectations
Completion of task	Does not complete the task within context of the topic.	Partially completes the task within context of the topic.	Effectively completes the task within context of the topic.
Use of evidence	Student presents no evidence from the selections to support response.	Student presents evidence from two selections to support response.	Student presents evidence from all three selections to support response.
Comprehensibility	Student's ideas are unclear and are difficult to understand.	Student's ideas are somewhat clear and coherent and fairly well understood.	Student's ideas are clear, coherent, and easily understood.
Language use	Very little variation of vocabulary use with many grammatical errors.	Limited usage of vocabulary with some grammatical errors.	Extended use of a variety of vocabulary with very few grammatical errors.
Fluency	Uses simple sentences or fragments.	Uses complete but simple sentences.	Uses a combination of simple and complex sentences.

Nombre _____   Fecha _____

Tema 3 — Tú y tu comunidad: Integración de ideas (continuación)

Hablar y escuchar

Work with a partner to design your ideal neighborhood or community. As you plan, think about what the narrators of *Lectura 1* and *Lectura 2* liked about their neighborhoods. Consider the urban design trends discussed in *Lectura 3*. As you develop your community, think about the following questions:

- What features make your community special?
- What are the most important places in your community?
- How does your neighborhood get community members to interact with one another?
- How do residents get around the community?

Draw a map or diagram of your community, or use a computer to create a visual. Present your community concept to the class.

Presentational Speaking Task Rubric

	Score: 1 Does not meet expectations	Score: 3 Meets expectations	Score: 5 Exceeds expectations
Completion of task	Does not complete the task within context of the topic.	Partially completes the task within context of the topic.	Effectively completes the task within context of the topic.
Use of evidence	Student presents no evidence from the selections to support response.	Student presents evidence from only two selections to support response.	Student presents evidence from all three selections to support response.
Comprehensibility	Student's ideas are unclear and are difficult to understand.	Student's ideas are somewhat clear and coherent and fairly well understood.	Student's ideas are clear, coherent, and easily understood.
Language use	Very little variation of vocabulary use with many grammatical errors.	Limited usage of vocabulary with some grammatical errors.	Extended use of a variety of vocabulary with very few grammatical errors.
Use of visuals in presentation	Student does not include visual support in the presentation.	Student uses visual support that is somewhat difficult to understand, incomplete, and/or inaccurate.	Student uses visual support that is easy to understand, complete, and accurate.

Tema 4 Recuerdos del pasado: Lectura 1

Buena suerte en el Año Nuevo

1 La tradición de las doce uvas que traen suerte (*luck*) para el año nuevo es muy española. Con cada campanada (*strike of the bell*) del reloj, a las doce de la noche,
5 debes comer una uva. La celebración principal es en Madrid, en La Puerta del Sol, donde la gente se reúne para esperar las doce campanadas. El evento sale en la televisión por toda España y se transmite
10 hasta por los canales internacionales.

Por lo general, en la Nochevieja (*New Year's Eve*) los madrileños salen a La Puerta del Sol, y antes o después de medianoche cenan en un restaurante.
15 En mi casa no era así. Cuando era una niña en Madrid, mamá y yo siempre preparábamos la cena de Año Nuevo en casa. Mi casa era el lugar de reunión de abuelos, tíos y primos. Preparábamos
20 una comida especial pero tener uvas suficientes para todos los invitados era un requisito (*requirement*). Mamá siempre compraba más de las necesarias.

Mamá y yo lavábamos las uvas y las
25 dividíamos en grupos de doce. Para los parientes que celebraban el Año Nuevo en la Puerta del Sol, poníamos las uvas en bolsas de plástico. A los que celebrábamos en casa les dábamos las doce uvas en
30 vasos de cristal.

Unos minutos antes de las doce, mamá ponía la televisión. Veíamos la celebración mientras buscábamos en la pantalla (*screen*) a mi hermano José. "¡Allí está
35 José!" mi abuela decía cada vez que veía a un joven de pelo largo. Naturalmente, no era mi hermano. Había muchos chicos de pelo largo y mi abuela no veía bien. Nos reíamos mucho, charlábamos y
40 esperábamos. Exactamente a las doce, cuando empezaban las campanas, comíamos las uvas. Una por una. Era muy divertido llenarte la boca con uvas. Para mí, tratar de comer todas las uvas
45 era casi imposible. "¡Come, niña, come!" me decía mi abuela, riendo. Bueno, todos los mayores se reían mucho de mí. Luego todos nos abrazábamos, nos besábamos y nos deseábamos buena suerte en todo
50 el año.

Filmando la tradición de las doce uvas, Madrid, España

Vocabulario y comprensión

1. **Ideas clave y detalles** According to the text, which statement below best describes what happens in the author's home on New Year's Eve?

   A The family goes to a restaurant and has a special dinner.

   B The family goes to the Puerta del Sol and eats grapes.

   C The family gathers to watch the celebration in the Puerta del Sol.

   D The family prepares a special dinner and celebrates their traditions.

2. **Composición y estructura** The author writes, *"Preparábamos una comida especial pero tener uvas suficientes para todos los invitados era un requisito."* [lines 19–22] What does the author mean when she writes *"era un requisito"*?

   A They never knew how many guests were going to show up.

   B The grapes were a necessary part of celebrating the New Year.

   C Guests at the celebration were required to eat grapes.

   D A host must always prepare extra food for company.

3. **Ideas clave y detalles** Complete the following questions.

   Part A: Which of the following statements about the twelve grapes can be corroborated with evidence in the text?

   A Spanish people like grapes at dinner.

   B Grapes are very abundant in Spain.

   C People must eat the grapes very fast.

   D It's a tradition observed by adults.

   Part B: Which excerpts from the text support your answer in part A? Choose all that apply.

   A "Con cada campanada del reloj a las doce de la noche, debes comer una uva".

   B "Para mí, tratar de comer todas las uvas era casi imposible".

   C "La tradición de las doce uvas que traen suerte para el año nuevo es muy española".

   D "Mamá y yo lavábamos las uvas y las dividíamos en grupos de doce".

Vocabulario y comprensión (continuación)

4. **Composición y estructura** Based on the reading, what can you infer is the purpose of this reading?

   A The reading provides information about a Spanish custom.

   B The reading provides information on the history of grapes.

   C The reading explains how Spanish people are superstitious.

   D The reading contrasts old and new Spanish customs.

5. **Ideas clave y detalles** Which option **best** describes the main idea of this reading?

   A The tradition of the twelve grapes is important in Spain.

   B Spanish traditions can be humorous and odd.

   C Eating twelve grapes on New Year's Eve brings good luck.

   D Spanish families celebrate the New Year at the Puerta del Sol.

Tema 4 — Recuerdos del pasado: Lectura 2

Los años viejos de la ciudad de Tulcán, Ecuador

1   Yo tenía siete u ocho años cuando hice mi primer año viejo. Para los ecuatorianos, un año viejo es un muñeco de papel de periódico o de aserrín
5   (*sawdust*) que quemamos (*burn*) la noche del 31 de diciembre. En nuestra familia todos participábamos en la construcción del año viejo. Mi madre preparaba la ropa. Mi padre hacía el cuerpo. Los niños lo
10 vestíamos. Y todos ayudábamos a escribir el "testamento" (*will*).

El testamento era una lista de chistes sobre las cosas que el muñeco (o, la persona que él representaba) hizo
15 durante el año. A mi papá le encantaba burlarse de (*make fun of*) los políticos (*politicians*) ecuatorianos con el muñeco y su testamento. Pero mis hermanos y yo preferíamos hacer años viejos de animales,
20 personajes (*characters*) de televisión o superhéroes. Un año, yo hice un año viejo de Hércules. Luego escribí un testamento muy creativo de sus aventuras.

En mi ciudad había un desfile (*parade*)
25 de años viejos. Este desfile era durante el día. Mi papá y yo caminábamos con nuestro muñeco por las calles de Tulcán. Lo hacíamos bailar como un títere (*puppet*). La gente se reía y aplaudía porque nuestro
30 año viejo siempre era el más extravagante. Mi familia ponía mucho esfuerzo (*effort*) en esta tradición. Hacíamos los años viejos más llamativos.

Unos minutos antes de las doce de
35 la noche, los vecinos del barrio hacían una hoguera (*bonfire*) pública. Todos nos reuníamos allí para quemar nuestros años viejos. Había música y todos los vecinos bailaban y se divertían. Antes de poner
40 el muñeco en la hoguera, mi padre leía el "testamento". Después de leer la lista, papá ponía el muñeco en el fuego. Lo más cómico era cuando el muñeco explotaba. ¡Qué risa! Papá siempre ponía fuegos
45 artificiales en nuestro muñeco. ¡Era un espectáculo! Luego regresábamos a casa a comer pastel y una cena especial. Era la única noche del año en que los niños podían estar despiertos hasta muy tarde.
50 ¡Qué noche más divertida!

Un año viejo del presidente ecuatoriano, Rafael Correa, Quito, Ecuador

Vocabulario y comprensión

1. Vocabulario The author writes, "*Mi familia ponía mucho esfuerzo en esta tradición. Hacíamos los años viejos más llamativos.*" [lines 31–33] Complete the following questions.

Part A: Which of the following phrases is closest in meaning to "*llamativo*"?

   A llamar por teléfono

   B llamarse año viejo

   C llamar la atención

   D ¿Cómo te llamas?

Part B: Based on your response in part A, what is the meaning of "*llamativo*" in the selection?

   A creatively named

   B political

   C traditional

   D eye-catching

2. Vocabulario Complete the following questions.

Part A: Read the sentence from the text, "*Lo más cómico era cuando el muñeco explotaba.*" [lines 42–43] What is the meaning of "*explotaba*" in this context?

   A exploited

   B explosion

   C exploded

   D expelled

Part B: Which evidence in the text helped you determine the meaning of "*explotaba*"?

   A "Había música y todos los vecinos se divertían".

   B "Papá siempre ponía fuegos artificiales en nuestro muñeco".

   C "Papá ponía el muñeco en el fuego".

   D "¡Era un espectáculo!"

Vocabulario y comprensión (continuación)

3. Composición y estructura   Why does the author use quotation marks around the word "*testamento*"?

    A to suggest that it isn't actually a real will

    B to emphasize the importance of the will

    C to highlight that "*testamento*" is a common word

    D to call readers' attention to the sentence

4. Ideas clave y detalles   Which of the following statements about the "*años viejos*" are supported by the reading? Pick **all** that are correct.

    A The name comes from the date in which these dolls are made.

    B These dolls can be very expensive and difficult to make.

    C The burning of these dolls can be quite entertaining to watch.

    D These dolls are created and burned on New Year's Eve.

5. Ideas clave y detalles   According to the information presented in the reading, which of the following statements do **NOT** describe New Year's Eve in Ecuador? Choose **two**.

    A Ecuadorians burn paper dolls in their houses.

    B Ecuadorians have a parade of "*años viejos*."

    C Ecuadorians laugh and dance at home until midnight.

    D Ecuadorians gather around a bonfire to burn "*años viejos*."

Tema 4   Recuerdos del pasado: Lectura 3

Mis Navidades en San Juan

1 Cuando yo era una niña, los días festivos de Navidad en Puerto Rico empezaban al final de noviembre y continuaban hasta enero. Todo empezaba
5 con el día de Acción de Gracias, al final de noviembre. Esta celebración nos llegó de Estados Unidos, pero los puertorriqueños la hemos adoptado también. Comíamos pavo y dábamos gracias por nuestras
10 bendiciones (*blessings*).

Cuando llegaba diciembre, empezaban las "parrandas", un tipo de fiesta sorpresa. A las diez de la noche, los parranderos visitaban la casa de un amigo o familiar
15 con instrumentos musicales y comenzaban a cantar. Después de la música, el dueño (*homeowner*) los invitaba a cenar.

Para la Nochebuena el 24 de diciembre, mi papá y mamá y yo cocinábamos la
20 cena. Mamá decoraba la casa con un árbol de Navidad y a las doce de la noche ponía al niño Jesús en su pesebre (*manger*).

El 25 de diciembre nos levantábamos tarde. Nos poníamos ropa nueva e íbamos
25 a la casa de la abuela. Allí comíamos platos típicos como el lechón asado y el arroz con dulce, cantábamos villancicos y bailábamos. Cada año nos tomábamos la fotografía familiar. Tengo todas las fotos
30 en un álbum grande.

Para celebrar el Año Nuevo, el 31 de diciembre limpiábamos la casa para hacer espacio (*space*) para la buena suerte. Poníamos en la basura todo lo viejo: la
35 ropa, los juguetes y cosas rotas (*broken*). Cuando terminábamos, mamá llenaba un balde (*pail*) con agua y lo ponía en el patio. A las doce, la familia salía al patio y

Desfile de músicos durante la Fiesta de San Sebastián, San Juan, Puerto Rico

lanzaba (*threw*) el agua a la calle. "¡Adiós,
40 mala suerte!" decíamos.

El día más anticipado era el 6 de enero. Ese día los Tres Reyes Magos traían a los niños muchos regalos. La noche antes, los niños poníamos paja (*hay*) para los
45 camellos de los Reyes Magos bajo la cama y galletas para los Reyes. Cuando despertábamos, no había ni paja ni galletas: nuestros regalos estaban allí. Ahora ya no es así. La mayoría de los
50 niños puertorriqueños ponen galletas para Santa y reciben sus regalos el 25 de diciembre.

Pero las celebraciones no terminaban el Día de Reyes. Del 7 al 14 de enero teníamos
55 las Octavas. Frecuentemente, estas fiestas eran improvisadas. Los amigos hacían una visita sorpresa con música, comida y bebida. Luego, en San Juan, durante la tercera semana de enero, celebrábamos las
60 Fiestas de la Calle San Sebastián. Esta fiesta de música, bailes y desfiles terminaba la temporada navideña para nosotros.

Los puertorriqueños decimos que tenemos las Navidades más largas del
65 mundo. Creo que esto es verdad.

Nombre _____ Hora _____

Tema 4

Fecha _____

Vocabulario y comprensión

1. **Vocabulario**   The author titles her story "*Mis Navidades en San Juan.*" According to the content of the selection, what is another meaning of "*Navidades*" in addition to the meaning "Christmas"?

   A Seasons greetings

   B Holidays

   C Christmas carols

   D Nativities

2. **Vocabulario**   Complete the following questions.

   Part A: Read this sentence from the text: "*Allí comíamos platos típicos como el lechón asado y el arroz con dulce, cantábamos villancicos y bailábamos.*" [lines 25–28] What are "*villancicos*"?

   A Puerto Rican villages

   B traditional foods

   C holiday dances

   D Christmas carols

   Part B: Which evidence from the text supports your answer?

   A bailábamos

   B comíamos

   C cantábamos

   D all of the above

3. **Ideas clave y detalles**   Which sentences describe the New Year celebration in San Juan? Choose **two**.

   A Puerto Ricans throw away old things.

   B Puerto Ricans wash the sidewalks.

   C Puerto Ricans clean the house.

   D Puerto Ricans take down their Christmas tree.

Vocabulario y comprensión (continuación)

4. **Ideas clave y detalles**   According to the narrator, which of the following sentences best exemplifies how the holiday traditions have changed in her lifetime?

   A Puerto Rico and the United States celebrate Thanksgiving in a similar manner.

   B Puerto Rican children used to get gifts on the Día de Reyes.

   C Puerto Ricans celebrate the longest holidays on earth.

   D The narrator used to leave cookies and hay for Santa Claus.

5. **Composición y estructura**   Read this excerpt from the text: *"Los puertorriqueños decimos que tenemos las Navidades más largas del mundo. Creo que esto es verdad."* [lines 63–65] How does the organization of the reading support this conclusion?

   A The author explains each holiday celebration in great detail.

   B The author structures her writing chronologically from November to January.

   C The author tells how she is saddened by the changes in the holiday traditions of her childhood.

   D The author describes in detail the *"parrandas"* and the surprise parties during December.

6. **Integración de conocimientos**   Based on your understanding of the three readings, which of the following statements are true? Choose **two**.

   A All of the readings discuss Christmas customs and traditions.

   B New Year's celebrations in Spain and Puerto Rico have good luck customs.

   C Spain and Ecuador have the longest holiday season.

   D All of the narrators are talking about their childhood experiences.

Tema 4   **Recuerdos del pasado: Integración de ideas**

Escribir

The three readings describe holiday traditions in Spanish-speaking countries. Write three things that you have learned about Spain, Ecuador, and Puerto Rico in these readings. Then describe how these traditions are similar and how they are different. What do people like to do in each country? How do they celebrate?

_____

_____

_____

_____

_____

Writing Task Rubric

	Score: 1 Does not meet expectations	Score: 3 Meets expectations	Score: 5 Exceeds expectations
Completion of task	Does not complete the task within context of the topic.	Partially completes the task within context of the topic.	Effectively completes the task within context of the topic.
Use of evidence	Student presents no evidence from the selections to support response.	Student presents evidence from only one or two selections to support response.	Student presents evidence from all three selections to support response.
Comprehensibility	Student's ideas are unclear and difficult to understand.	Student's ideas are somewhat clear and coherent and fairly well understood.	Student's ideas are clear, coherent, and easily understood.
Language use	Very little variation of vocabulary use with many grammatical errors.	Limited usage of vocabulary with some grammatical errors.	Extended use of a variety of vocabulary with very few grammatical errors.
Fluency	Uses simple sentences or fragments.	Uses complete but simple sentences.	Uses a combination of simple and complex sentences.

Tema 4

Recuerdos del pasado: Integración de ideas (continuación)

Hablar y escuchar

With a partner, plan a New Year's party for your Spanish class that incorporates what you have learned in these readings. Decide which traditions are a good idea to include for your class and which are not. Make a poster to announce your celebration and illustrate which traditions you want to incorporate. Work collaboratively to create a presentation for the class about your poster and celebration. In your presentation, explain the benefits of the traditions you included and the drawbacks of the traditions you decided not to include.

Speaking Task Rubric

	Score: 1 Does not meet expectations	Score: 3 Meets expectations	Score: 5 Exceeds expectations
Completion of task	Does not complete the task within context of the topic.	Partially completes the task within context of the topic.	Effectively completes the task within context of the topic.
Use of evidence	Student presents no evidence from the selections to support response.	Student presents evidence from only one or two selections to support response.	Student presents evidence from all three selections to support response.
Comprehensibility	Student's ideas are unclear and difficult to understand.	Student's ideas are somewhat clear and coherent and fairly well understood.	Student's ideas are clear, coherent, and easily understood.
Language use	Very little variation of vocabulary use with many grammatical errors.	Limited usage of vocabulary with some grammatical errors.	Extended use of a variety of vocabulary with very few grammatical errors.
Use of visuals in presentation	Student does not include visual support in the presentation.	Student uses visual support that is somewhat difficult to understand, incomplete, and/or inaccurate.	Student uses visual support that is easy to understand, complete, and accurate.

Tema 5   **En las noticias: Lectura 1**

Desastres naturales

1 Los países de Latinoamérica sufren de situaciones peligrosas como terremotos, derrumbes (*landslides*), erupciones volcánicas, tormentas,
5 inundaciones y sequía (*drought*). Estos desastres naturales causan daños (*damage*) materiales, heridos y muertes. Al mismo tiempo los desastres naturales representan un costo económico enorme para los
10 países afectados.

Sin duda, los países de Centroamérica son más vulnerables a los desastres naturales por su posición geográfica. La geografía incluye altas montañas y
15 volcanes, valles y llanuras (*plains*). La región tiene muchos terremotos porque forma parte del "Anillo de fuego" (*Ring of Fire*), un área de mucha actividad volcánica a lo largo de la costa del
20 océano Pacífico. ¡Hay más de 20 volcanes activos en Centroamérica! El Volcán de Fuego en Guatemala es uno de los volcanes más activos del mundo.

Con la excepción de El Salvador, todos
25 los países de Centroamérica comparten límites con los océanos Atlántico y Pacífico. A veces ocurren, eventos meteorológicos fuertes, como huracanes y tormentas tropicales, que causan
30 inundaciones. Las zonas de mayor riesgo (*risk*) de daños incluyen las orillas (*banks*) de los ríos y las laderas (*slopes*)

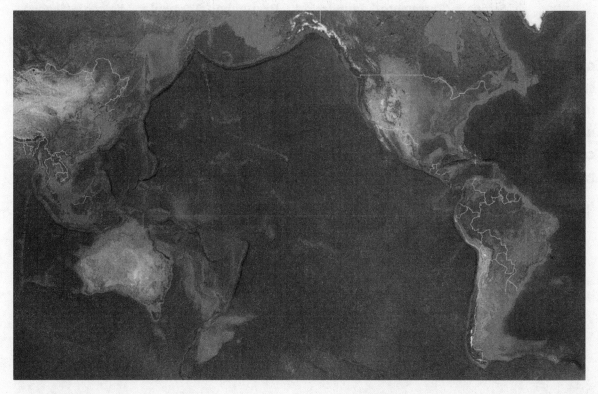

Imagen del "Anillo de Fuego", una zona de intensa actividad sísmica y volcánica que rodea el océano Pacífico. En las Américas, esta zona incluye Canadá, los Estados Unidos, México, los países de Centroamérica y algunos países de Sudamérica (Colombia, Ecuador, Perú y Chile).

Tema 5 En las noticias: Lectura 1 (continuación)

de las montañas. Las zonas montañosas
están en más peligro de derrumbes por
35 causa de la deforestación.

La vulnerabilidad de la región ha crecido (*has grown*)

No solo la naturaleza (*nature*) causa
problemas en Centroamérica. El impacto
40 de los desastres naturales es mayor a
causa de tres factores principales: la
falta de dinero, el rápido aumento de la
población en las ciudades y la falta de
prevención. Son países que no tienen
45 mucho dinero y las poblaciones de las
ciudades han crecido rápidamente. Los

habitantes más pobres viven en los lugares
que están en más peligro de posibles
daños. Estas comunidades sufren más
50 pérdidas (*losses*) a causa de los daños
porque pocas personas tienen seguros
(*insurance*) u otros servicios de protección
social. En las ciudades, muchas casas
están construidas (*built*) sin regulaciones
55 o supervisión. También están en zonas
de alto riesgo de desastres naturales.
Desafortunadamente, muchas personas
no quieren ser evacuadas por miedo del
vandalismo de sus casas. Eso resulta en
60 una situación peligrosa para la gente.

Estadísticas para los desastres naturales en Centroamérica

Número de eventos desde 1980 hasta 2010

	Sequía (*Drought*)	Terremoto	Inundación	Derrumbe (mojado) (*Mudslide*)	Tormenta (huracán, lluvia, viento)	Volcán	Fuego
Guatemala	4	8	17	7	10	9	2
El Salvador	5	6	14	2	12	1	x
Honduras	7	5	24	x	15	x	1
Nicaragua	4	4	13	1	19	4	3
Costa Rica	2	11	22	1	9	2	1
Panamá	1	4	25	x	3	x	1

Fuente: Elaborado con información del sitio web: *PreventionWeb, United Nations International Strategy for Disaster Reduction.*

Vocabulario y comprensión

1. **Vocabulario**   Which group of words from the text would you place in the category of *"desastres naturales"*?

   A ubicación geográfica

   B daños materiales

   C terremotos y derrumbes

   D heridos y muertes

2. **Vocabulario**   Which words from the text would you place in the category of *"eventos meterológicos"*?

   A actividad volcánica

   B terremoto

   C derrumbe

   D tormenta tropical

3. **Ideas clave y detalles**   Using the information from the graph, what conclusion can you draw about the frequency of natural disasters in Central American countries?

   A Hay más inundaciones y tormentas que otros problemas.

   B Los derrumbes de tierra son el mayor problema.

   C En general, hay más fuegos que erupciones volcánicas.

   D No hay muchos terremotos en los países centroamericanos.

4. **Composición y estructura**   How does the graph support information presented in the text?

   A The graph highlights the natural disasters in one country.

   B The graph provides additional statistics of disasters before 1980.

   C The graph compares the disasters in Latin America with those in other countries around the world.

   D The graph provides facts that can be compared across a region of countries.

Vocabulario y comprensión (continuación)

5. **Ideas clave y detalles**   What can you infer about the statement "*¡Hay más de 20 volcanes activos en Centroamérica!*"? [lines 20–21]

   A Siempre hay muchos terremotos en Centroamérica.

   B Va a haber muchas inundaciones.

   C La posibilidad de una erupción volcánica es alta.

   D Mucha gente tiene miedo de vivir en Centroamérica.

6. **Ideas clave y detalles**   What does the final paragraph reveal about the risks from natural disasters in Central America?

   A Many homes are vulnerable due to poor construction and location.

   B The country cannot provide shelter for everyone in the cities.

   C There is not enough money in these cities to prevent disasters.

   D Many people live in rural areas of Central America.

7. **Ideas clave y detalles**   Complete the following questions.

   Part A: Which statement **best** reflects the central idea of the article?

   A Vivir en Centroamérica es peligroso por las tormentas.

   B Hay muchos desastres naturales en Centroamérica.

   C Centroamérica tiene muchos volcanes y derrumbes.

   D Hay más desastres naturales en Centroamérica que en otros países.

   Part B: According to the article, why does Central America experience these natural events?

   A poor construction methods in the cities

   B the region's location in a dangerous zone

   C too many people living in one place

   D all of the above

Tema 5 — En las noticias: Lectura 2

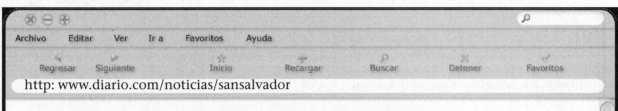

http: www.diario.com/noticias/sansalvador

Tormenta tropical Ida causa dolor y sufrimiento

por Josefina Ramírez,
EL DIARIO, 12 de noviembre de 2009

1   **San Salvador** El 7 de noviembre, durante un período de 24 horas, cayeron enormes cantidades (*amounts*) de lluvia en El Salvador. Ocurrieron derrumbes e inundaciones a causa de las lluvias en las regiones de San Vicente, La Paz, La Libertad, San Salvador y Cuscatlán. Murieron 270 personas y miles de familias

5   están sin hogar.

En una colonia de San Salvador, Mauricio Martínez perdió a su esposa, a su hijo y a dos sobrinas cuando una ola de lodo (*wave of mud*) chocó con su casa. "Era como una explosión" dijo un vecino.

El presidente Mauricio Funes describió el desastre como "una tragedia" y dijo

10   que los daños son "incalculables". Al caminar por las áreas destruidas, el presidente les dijo a los reporteros que la cantidad de lluvia que cayó de la tormenta fue casi igual que la que cayó con el huracán Mitch en 1998. Y el huracán Mitch duró cuatro días. "Las imágenes son claras" dijo el presidente. "Esto es un desastre".

Tema 5 | **En las noticias: Lectura 2 (continuación)**

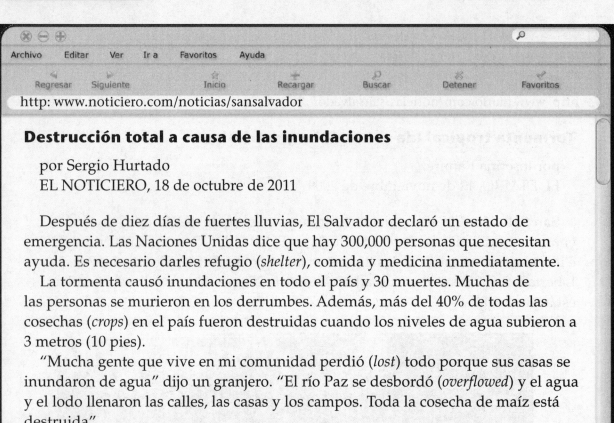

http: www.noticiero.com/noticias/sansalvador

Destrucción total a causa de las inundaciones

por Sergio Hurtado
EL NOTICIERO, 18 de octubre de 2011

1   Después de diez días de fuertes lluvias, El Salvador declaró un estado de emergencia. Las Naciones Unidas dice que hay 300,000 personas que necesitan ayuda. Es necesario darles refugio (*shelter*), comida y medicina inmediatamente.

   La tormenta causó inundaciones en todo el país y 30 muertes. Muchas de
5 las personas se murieron en los derrumbes. Además, más del 40% de todas las cosechas (*crops*) en el país fueron destruidas cuando los niveles de agua subieron a 3 metros (10 pies).

   "Mucha gente que vive en mi comunidad perdió (*lost*) todo porque sus casas se inundaron de agua" dijo un granjero. "El río Paz se desbordó (*overflowed*) y el agua
10 y el lodo llenaron las calles, las casas y los campos. Toda la cosecha de maíz está destruida".

   El presidente Mauricio Funes comentó "Hemos perdido (*lost*) casi todas las cosechas de frijol, maíz y café. Miles de casas están inundadas. Los daños van a ser considerables… más que en cualquier otro desastre natural".

Tema 5

Vocabulario y comprensión

1. **Vocabulario**   Complete the following questions.

Part A: Reread this sentence from the second article, *Destrucción total a causa de las inundaciones:* "*Además, más del 40% de todas las cosechas en el país fueron destruidas cuando los niveles del agua subieron a 3 metros (10 pies).*" [lines 5–7] Which words from the context help you to understand the word "*niveles*"? Choose **two**.

   A subieron

   B metros

   C cosechas

   D todas

Part B: What is the meaning of "*niveles*"?

   A waters

   B deaths

   C temperatures

   D levels

2. **Vocabulario**   Based on your understanding of the word "*inundación*," what can you infer the phrase "*sus casas se inundaron de agua*" [lines 8–9] means? Choose **two**.

   A homes were flooded with water

   B homes were emptied of water

   C homes were covered by water

   D homes were blocked by water

3. **Ideas clave y detalles**   Complete the following questions.

Part A: Read the following quote from the first article, *Tormenta tropical Ida causa dolor y sufrimiento*: "*…el presidente les dijo a los reporteros que la cantidad de lluvia que cayó de la tormenta fue casi igual que la que cayó con el huracán Mitch en 1998.*" [lines 10–12] What is the purpose of the comparison of tropical storm Ida to hurricane Mitch?

   A to put the people of El Salvador at ease so they won't worry

   B to explain that the damage in both storms was similar

   C to warn the public about the danger of such storms

   D to point out that tropical storm Ida was much less severe

Nombre _____ Hora _____

Tema 5

Fecha _____

Vocabulario y comprensión (continuación)

Part B: According to the first newspaper article, what was a key difference between hurricane Mitch and tropical storm Ida?

   A The hurricane had more damaging winds than the tropical storm.

   B There was actually more rainfall in the tropical storm than the hurricane.

   C The tropical storm lasted 24 hours and the hurricane lasted 4 days.

   D The hurricane caused more deaths than the tropical storm.

4. **Composición y estructura** Read the following excerpt from the first newspaper article:
"En una colonia de San Salvador, Mauricio Martínez perdió a su esposa, a su hijo y a dos sobrinas cuando una ola de lodo chocó con su casa. 'Era como una explosión' dijo un vecino." [lines 6–8]
Why do you think the author included this information?

   A provides more factual information

   B tells readers about a family in their neighborhood

   C allows a neighbor to describe what happened

   D gives a human element to the story

5. **Ideas clave y detalles** What details from the newspaper articles in the reading illustrate that both events were disasters?

   A Murieron muchas personas y hubo muchos daños.

   B Las tormentas duraron mucho tiempo.

   C Habló el presidente sobre los eventos.

   D Las lluvias eran muy fuertes.

6. **Composición y estructura** What similarities are found in the content of the newspaper articles from *El Noticiero* and *El Diario*? Choose **two**.

   A They contain descriptions of mud and water.

   B Both include quotes by the president.

   C They both discuss damage from volcanoes.

   D Both stories discuss crop losses.

Nombre _____ Fecha _____

Tema 5   En las noticias: Lectura 3

Reducir el impacto de los desastres naturales en Centroamérica

1 Los países de Centroamérica son muy vulnerables a los desastres naturales. Por ejemplo, se reportaron 41 desastres naturales solamente en El Salvador de
5 1982 a 2007. Los daños costaron cerca de 4.6 billones de dólares. Así que es urgente reducir el impacto de los huracanes, terremotos y tormentas. Es posible con un plan. El objetivo principal es salvar
10 vidas.

La prevención
Es imposible prevenir un huracán, pero es posible reducir sus daños. Se puede reducir el impacto con el uso inteligente
15 del terreno (*land*). Es decir, no construir (*build*) nuevas comunidades en áreas previamente (*previously*) inundadas o cerca de un volcán. También es necesario eliminar la deforestación y usar mejores
20 métodos de agricultura para prevenir los derrumbes.

La preparación
Hay que prepararse mejor. Esto incluye poner las provisiones y equipos
25 (*equipment*) de rescate en lugares estratégicos antes de un huracán o posible inundación. La construcción de refugios y la preparación de planes de evacuación ayudan a salvar vidas. También es
30 necesario compartir información y educar a la comunidad sobre la necesidad de prepararse para un posible terremoto, o erupción volcánica.

La asistencia
35 Después de un desastre, la acción rápida y efectiva es importante. Si hay un retraso (*delay*) al responder a una emergencia, se pierden vidas y casas innecesariamente. Sin duda, el uso de
40 la tecnología mejora las operaciones de asistencia. Las organizaciones pueden comunicar información al público por radio o televisión. Pueden publicar listas de personas heridas o mapas de áreas
45 inundadas.

La recuperación
La primera necesidad es la de dar refugio, agua para beber, comida y medicina a la gente. Pero, los daños de un desastre a
50 largo plazo (*long term*) son más difíciles de reparar (*repair*) y cuestan mucho, mucho dinero. La reconstrucción de edificios, casas y calles es un proyecto enorme. Se necesita tiempo, donaciones de dinero
55 y la cooperación de organizaciones internacionales.

Construcción de un refugio, Las Mesitas, El Salvador

Vocabulario y comprensión

1. **Vocabulario**   Read this sentence from the text: *"Es imposible prevenir un huracán, pero es posible reducir sus daños"*. [lines 12–13] What is the meaning of *"prevenir"*?

   A protect

   B prevent

   C prepare

   D foresee

2. **Ideas clave y detalles**   Which statement is **NOT** supported by the information in the article?

   A Reducing the effects of disasters will save lives.

   B Using better farming methods will help deter landslides.

   C People need to be better prepared for a disaster.

   D The risk of disasters in Central America increases yearly.

3. **Ideas clave y detalles**   According to the article, what is the **most** important reason to reduce the impact of natural disasters in Central America?

   A It will save many lives.

   B Tourism is affected by storm damage.

   C It will cost more money.

   D It will prevent natural disasters.

4. **Ideas clave y detalles**   The article lists all of the following ideas on how to lessen the impact of a disaster **except:**

   A avoiding new construction in flood zones

   B teaching children risk prevention in schools

   C using technology for better communication

   D rebuilding areas suffering from deforestation

Tema 5

Vocabulario y comprensión (continuación)

5. **Ideas clave y detalles**   What is the main purpose of the article?

   A to provide statistical information about storms

   B to inform the public of the risks of landslides

   C to persuade people to prepare better for disasters

   D to list the purposes of disaster preparation

6. **Integración de conocimientos**   What recommendations for preventing flood damage are offered in *Lectura 1* and *Lectura 3*? Select **two**.

   A not allowing deforestation

   B having people prepare better

   C using technology to communicate

   D having people avoid living near danger zones

7. **Integración de conocimientos**   What **two** recommendations from *Lectura 3* might have saved more lives in the disasters described in *Lectura 2*?

   A earlier evacuation of people in potential danger from their homes

   B more requests for international funds to rebuild housing and schools

   C use of technology to alert people living near volcanoes of their danger

   D positioning of rescue equipment in flood-prone areas prior to storms

Tema 5   En las noticias: Integración de ideas

Escribir

Write an analysis of the disasters and disaster risk in El Salvador. What natural hazards exist in the country to make it prone to these types of disasters? What can El Salvador do to reduce the impact of these disasters in the future? Use information from all three readings in your response.

_____

_____

_____

_____

_____

Writing Task Rubric

	Score: 1 Does not meet expectations	Score: 3 Meets expectations	Score: 5 Exceeds expectations
Completion of task	Does not complete the task within context of the topic	Partially completes the task within context of the topic.	Effectively completes the task within context of the topic.
Use of evidence	Student presents no evidence from the selections to support response.	Student presents evidence from only one or two selections to support response.	Student presents evidence from all three selections to support response.
Comprehensibility	Student's ideas are unclear and are difficult to understand.	Student's ideas are somewhat clear and coherent and fairly well understood.	Student's ideas are clear, coherent, and easily understood.
Language use	Very little variation of vocabulary use with many grammatical errors.	Limited usage of vocabulary with some grammatical errors.	Extended use of a variety of vocabulary with very few grammatical errors.
Fluency	Uses simple sentences or fragments.	Uses complete but simple sentences.	Uses a combination of simple and complex sentences.

Nombre _____ Fecha _____

En las noticias: Integración de ideas (continuación)

Hablar y escuchar

Work in a group to create a report that compares a disaster in El Salvador with a similar disaster in the U.S. Investigate the U.S. disaster to make your comparisons to El Salvador. Compare and contrast the following in your report:

- the geography and natural hazards of the areas

- the type of damage that resulted

- the aid that was needed after the disasters

Then include your future recommendation for these areas. If possible, create a chart or other visual aid to use in your presentation. Be sure to use information from all three readings and your outside research in your report.

Speaking Task Rubric

	Score: 1 Does not meet expectations	Score: 3 Meets expectations	Score: 5 Exceeds expectations
Completion of task	Does not complete the task within context of the topic.	Partially completes the task within context of the topic.	Effectively completes the task within context of the topic.
Use of evidence	Student presents no evidence from the selections to support response.	Student presents evidence from only one or two selections to support response.	Student presents evidence from all three selections to support response.
Comprehensibility	Student's ideas are unclear and difficult to understand.	Student's ideas are somewhat clear and coherent and fairly well understood.	Students' ideas are clear, coherent, and easily understood.
Language use	Very little variation of vocabulary use with many grammatical errors.	Limited usage of vocabulary with some grammatical errors.	Extended use of a variety of vocabulary with very few grammatical errors.
Use of visuals in presentation	Student does not include visual support in the presentation.	Student uses visual support that is somewhat difficult to understand, incomplete, and/or inaccurate.	Student uses visual support that is easy to understand, complete, and accurate.

Tema 6 — La televisión y el cine: Lectura 1

El fenómeno del *crossover*: Los actores hispanohablantes llegan a Hollywood

1 Salma Hayek. Javier Bardem. Kate del Castillo. Antonio Banderas. America Ferrera. Diego Boneta. Sofía Vergara. Benicio del Toro. Wilmer Valderrama.
5 Penélope Cruz. Gael García Bernal… ¡y muchos más!

Los conoces. Los has visto en la televisión y en el cine. ¿Qué tienen en común? Todos son actores (y/o directores)
10 hispanohablantes. Todos son guapísimos y talentosísimos. Y todos son muy famosos no solo en sus países de origen, sino también en los Estados Unidos.

El éxito no vino fácilmente a estos
15 actores. Para todos los artistas, el éxito requiere muchísimo trabajo y dedicación. Pero para este grupo, hubo otro paso: adoptar un nuevo idioma y seguir las reglas de una cultura diferente para
20 conectar con la gente de los Estados Unidos. Pues, para tener un público en dos culturas, una estrella verdaderamente tiene que dedicarse al proceso del *crossover*.

25 Muchas de las estrellas de cine y de televisión llegaron a ser famosas primero en su país de origen. Antonio Banderas y Penélope Cruz, por ejemplo, empezaron sus carreras trabajando con el legendario
30 director español Pedro Almodóvar. Ya tenían fama en su país natal, España, antes de entrar en los escenarios de Hollywood. Salma Hayek, Gael García Bernal y Diego Boneta comenzaron en las telenovelas
35 mexicanas.

Aun cuando son conocidos en sus países de origen, los actores hispanohablantes tienen mucho que hacer para ganar popularidad en los Estados Unidos. Es
40 absolutamente necesario aprender el inglés. Y no solo para conversar, sino aprender a hablar sin errores. Por ejemplo, el actor mexicano Diego Boneta trabajó diligentemente con un profesor de
45 pronunciación para perfeccionar su acento inglés y perder su acento español. Gael García Bernal fue a Londres para aprender a actuar en inglés. También es importante entender y adaptarse a la cultura. Para
50 hacer esto, a veces una estrella de cine tiene que adaptar su manera de vestir o modificar su sentido (*sense*) del humor para ser aceptada en los Estados Unidos.

A pesar de (*In spite of*) las dificultades,
55 estos actores son muy exitosos en los EE.UU. A miles de niños les encanta *Handy Manny* (la voz de Wilmer Valderrama) y *Puss in Boots* (con las voces de Salma Hayek y Antonio
60 Banderas). Javier Bardem, Penélope Cruz, Salma Hayek y Benicio del Toro fueron nominados o ganaron premios Óscar por su actuación. Sofía Vergara y America Ferrera también fueron
65 nominadas para los premios Emmy. Para los hispanohablantes talentosos y trabajadores, es difícil, pero no imposible, hacer el *crossover*.

Vocabulario y comprensión

1. **Vocabulario**   Read this sentence from the text: *"El actor mexicano Diego Boneta trabajó diligentemente con un profesor de pronunciación para perfeccionar su acento inglés y perder su acento español."* [lines 43–46] Based on the context, which of the following is the best definition for the word *"diligentemente"*?

   A con dedicación y atención

   B un poco cada día

   C de vez en cuando

   D sin tener muchas dificultades

2. **Vocabulario**   Complete the following questions.

   Part A: Read this sentence from the text: *"Ya tenían fama en su país natal, España, antes de entrar en los escenarios de Hollywood."* [lines 30–32] Based on the context, what is the meaning of the word *"natal"*?

   A adoptado

   B donde nacieron

   C donde estudiaron

   D nuevo

   Part B: Using your response in part A, what is the *"país natal"* of Diego Boneta?

   A España

   B los Estados Unidos

   C Colombia

   D México

3. **Vocabulario**   Complete the following questions.

   Part A: Read this sentence from the text: *"A pesar de las dificultades, estos actores son muy exitosos en los EE.UU."* [lines 54–56] What is the meaning of the word *"exitoso"*?

   A successful

   B unsuccessful

   C excited

   D unknown

Tema 6

Vocabulario y comprensión (continuación)

Part B: Which of the following statements from the text illustrates the word "*exitoso*" as it relates to the actor's career?

   A "Para todos los artistas, el éxito requiere trabajo duro y dedicación."

   B "Salma Hayek, Gael García Bernal y Diego Boneta comenzaron en las telenovelas mexicanas."

   C "Gael García Bernal fue a Londres para aprender a actuar en inglés."

   D "Javier Bardem, Penélope Cruz, Salma Hayek y Benicio del Toro fueron nominados o ganaron premios Óscar por su actuación."

4. **Ideas clave y detalles**   According to the reading, what is the first step for most crossover actors before they enter the English-speaking market?

   A ganar un premio Óscar o Emmy

   B aprender a hablar el inglés como nativo

   C llegar a tener fama en su país de origen

   D adaptar su manera de vestir

5. **Ideas clave y detalles**   Which of the following is **NOT** required for an actor to cross over?

   A hablar el inglés sin errores

   B adaptarse a una nueva cultura

   C ganar un premio Óscar o Emmy

   D llegar a tener fama en su propio país

6. **Ideas clave y detalles**   What is the main idea of the text?

   A Many Spanish-speaking actors would like to act in Hollywood productions.

   B Spanish-speaking actors can cross over into Hollywood productions if they learn English.

   C Many Spanish-speaking actors think it is too difficult to cross over into Hollywood productions, although some have tried.

   D Despite difficulties to overcome, many Spanish-speaking actors have successfully crossed over into Hollywood productions.

Tema 6   La televisión y el cine: Lectura 2

Diego Boneta

1 **E**n la película *Rock of Ages,* Drew, el personaje principal, es un joven en busca de fama que vive en Los Ángeles. Se enamora de una mujer que se llama
5 Sherri, que acaba de llegar a California de Oklahoma. Los dos sueñan con (*dream about*) ser estrellas de rock mientras trabajan juntos en un club. Por su persistencia y trabajo duro (*hard*), y con la
10 ayuda de Sherri, Drew llega a tener éxito.

El actor mexicano Diego Boneta hace el papel de Drew, y la historia personal de Boneta no es muy diferente a la de Drew. Boneta es joven, talentoso y muy
15 trabajador. Es actor y cantante. Y, como Drew, después de mucho trabajo, ya es muy famoso en Hollywood.

Boneta nació en la Ciudad de México, D.F. Sabía desde muy joven que quería
20 ser actor. Empezó su carrera en México, en una telenovela llamada *Rebelde,* que era popular con los adolescentes. En la telenovela, Boneta hizo el papel de Rocco, un niño travieso de una escuela
25 preparatoria muy prestigiosa de México.

Aparte de su papel en la telenovela, Boneta también era una gran sensación por sus dos álbumes de pop: *Diego* e *Índigo.* Los dos tuvieron éxito en Latinoamérica, y
30 son discos de oro en Chile y Brasil. (Boneta también habla y canta en portugués.) De veras, Boneta era superestrella en México y por muchas partes de Latinoamérica.

Por eso, cuando vino a Los Ángeles,
35 no pensaba que iba a ser difícil encontrar trabajo. Pero, ¡qué sorpresa! No anticipaba la competencia que existía en Hollywood. Al principio (*At first*), cuando llegaba a las audiciones, los agentes no sabían

40 quién era. La transición de desconocido a superestrella fue difícil. Pero, siguió trabajando. Tenía un instructor de actuación. Aprendió a tocar la guitarra. Estudió inglés. Trabajó sin parar.

45 Por fin, consiguió (*he got*) el papel en *Rock of Ages,* y trabajó bajo la dirección de Adam Shankman. Boneta compartió la pantalla con actores famosísimos como Tom Cruise y Catherine Zeta-Jones. Con
50 esta película, Boneta llegó a la atención del público de los Estados Unidos. Ahora, está trabajando con una nueva serie para MTV, llamada "*Underemployed*". También, sigue con sus ambiciones musicales.
55 Está produciendo un nuevo álbum en inglés con el productor Adam Levine, de *Maroon 5.* Otra vez, Diego Boneta será superestrella.

Tema 6

Vocabulario y comprensión

1. **Vocabulario**   Read this sentence from the text: "*Los dos tuvieron éxito en Latinoamérica, y son discos de oro en Chile y Brasil.*" [lines 29–30] What does the phrase "*discos de oro*" imply about Boneta's career as a musician?

   A A los críticos les gusta la música de Boneta, pero no vende muchos álbumes en Chile y Brasil.

   B A los críticos no les gusta la música de Boneta y por eso no vende muchos álbumes.

   C Boneta tiene éxito como músico y ha vendido muchos álbumes en Chile y Brasil.

   D Boneta es un músico muy talentoso y los críticos recomiendan sus álbumes.

2. **Vocabulario**   Complete the following questions.

   Part A: Read this sentence from the text: "*La transición de desconocido a superestrella fue difícil.*" [lines 40–41] The word "*desconocido*" comes from the root word "*conocer*". Based on the context of the reading and on your own knowledge of Spanish, select the English equivalent of "*desconocido*".

   A well-known

   B unknown

   C disliked

   D popular

   Part B: What phrase from the text supports the idea that Boneta was "*desconocido*"?

   A "…es joven, talentoso y muy trabajador."

   B "…también era una gran sensación…"

   C "…los agentes no sabían quién era."

   D "No anticipaba la competencia que existía…"

3. **Ideas clave y detalles**   All of the following are true about Diego Boneta **except:**

   A He speaks three languages.

   B He is a pop sensation throughout Latin America.

   C He began his career with a role in a Mexican *telenovela*.

   D He quickly and easily transitioned into the Hollywood scene.

Tema 6

Vocabulario y comprensión (continuación)

4. **Ideas clave y detalles**   Which of the following contributed directly to Diego Boneta's success? Select all that apply.

  A hard work

  B musical talent

  C persistence

  D famous parents

5. **Integración de conocimientos**   In which of the following ways is Diego Boneta's career typical for a crossover artist?

  A He became famous in his own country first.

  B He took on Spanish-language roles in Hollywood.

  C He is the voice for popular cartoon characters.

  D He has both musical and acting talent.

Tema 6 | La televisión y el cine: Lectura 3

Sofía Vergara

1 Una colombiana joven y bella caminaba en la playa cuando la vio un agente de modelos. Era 1989. El encuentro fue decisivo: Sofía Vergara
5 estudiaba para ser dentista, pero dejó sus estudios para seguir una carrera como modelo. Poco después, hizo su debut de televisión en un anuncio (*ad*) que fue transmitido por toda Latinoamérica.
10 Entre 1995 y 1998, Vergara trabajó como presentadora en *Fuera de serie*, un programa de viajes transmitido por el canal Univisión.

Para escapar de la violencia en
15 Colombia, Vergara decidió venir a Miami con su familia en 1998. Siguió trabajando para Univisión como presentadora en el programa de concursos *A que no te atreves*, que era popular con el público
20 hispanohablante en los Estados Unidos.

En 2002, Vergara apareció en su primera película estadounidense, *Big Trouble*, y un año después tuvo su primer gran papel en inglés en la película *Chasing Papi*.
25 Pero es gracias al papel de Gloria Delgado-Pritchett en la serie popular *Modern Family* que Sofía Vergara es un nombre conocido por millones de estadounidenses. Gloria es un personaje
30 muy animado y apasionado que tiene mucho amor por su familia. Según Vergara, es el papel ideal para ella porque Vergara también es una mujer a quien la familia le importa muchísimo. Y los
35 críticos están de acuerdo: Vergara ha recibido cuatro nominaciones para la mejor actriz secundaria de los premios Emmy.

Aparte de su papel en *Modern Family*,
40 Vergara actúa en muchas películas. También, ha actuado en una producción de *Chicago*, el musical popular de Broadway. Y es la voz de personajes en las películas animadas, como *Smurfs* y *Happy*
45 *Feet 2*. Sigue trabajando con producciones en Latinoamérica también. Es productora y estrella en *Amas de casa desesperadas*, un programa colombiano basado en una serie popular estadounidense.
50 Además de su éxito en el cine y la televisión, Vergara ya tiene su propia marca de ropa y accesorios y representa marcas grandes de cosméticos y bebidas. Por ser bilingüe, Vergara puede conectar
55 con el público hispanohablante y el de habla inglesa. Gracias a la actuación y sus patrocinios (*sponsorships*), Sofía Vergara es la actriz mejor pagada en los Estados Unidos, con ganancias (*earnings*)
60 de aproximadamente treinta millones de dólares este año.

Su historia es un ejemplo de ambición, trabajo y éxito.

Vocabulario y comprensión

1. **Vocabulario**   Complete the following questions.

   Part A: Read this passage from the text: "*Poco después, hizo su debut de televisión en un anuncio que fue transmitido por toda Latinoamérica.*" [lines 7–9] How did Vergara get her start on the road to fame and fortune?

   A by appearing on a Latin American television show

   B by appearing in a commercial broadcast in Latin America

   C by working for the Latin American division of an ad agency

   D by working as a television announcer for Latin American sports

   Part B: Based on its use in the first paragraph of the reading, and on your response to part A, select the meaning of the word "*transmitido*".

   A sold   **C** debuted

   B announced   **D** broadcast

2. **Vocabulario**   Read this passage from the text: "*Vergara ha recibido cuatro nominaciones para la mejor actriz secundaria de los premios Emmy.*" [lines 35–38] Based on the context, what is the meaning of the award "*mejor actriz secundaria*"?

   A best Colombian actress

   B best supporting actress

   C best lead actress

   D second-best actress

3. **Vocabulario**   Read this passage from the text: "*Es productora y estrella en* Amas de casa desesperadas, *un programa colombiano basado en una serie popular estadounidense.*" [lines 46–49] Which of the following television programs is the U.S. equivalent of the Colombian program "*Amas de casa desesperadas*"?

   A *The Real Housewives of Beverly Hills*

   B *Desperate Housewives*

   C *House Hunters*

   D *Modern Family*

Vocabulario y comprensión (continuación)

4. **Composición y estructura**   Reread lines 1–4 in the first paragraph. Based on the context, what is the meaning of the phrase "*el encuentro fue decisivo*"?

   A Sofía encontró su carrera como dentista.

   B Un dentista encontró a Sofía en la playa.

   C Cuando conoció al agente, decidió no ser dentista.

   D Sofía quiso conocer a un agente para seguir su carrera.

5. **Ideas clave y detalles**   According to Vergara, why is the role of Gloria Delgado-Pritchett perfect for her?

   A She is a very animated, passionate person in real life.

   B She can speak both English and Spanish on screen as she does in real life.

   C It gives Vergara the opportunity to love her television family as if they're her real- life family.

   D The character of Gloria loves her family in the same way that Vergara does in real life.

6. **Ideas clave y detalles**   Which of the following has Vergara **NOT** done in her career?

   A sponsored well-known brands of cosmetics and soft drinks

   B performed voiceover acting in animated films

   C performed live on Broadway

   D produced a successful record album

7. **Integración de conocimientos**   Which of the following statements is true for both Diego Boneta and Sofía Vergara?

   A Presently, both work exclusively in English-speaking roles.

   B Both fled their countries because of violence and unrest.

   C Both have careers that extend beyond just acting.

   D Both lived in Miami when they first arrived in the United States.

Tema 6 — La televisión y el cine: Integración de ideas

Escribir

Write a paragraph in which you compare and contrast the crossover experiences of Diego Boneta and Sofía Vergara. How do their experiences align with the description of the crossover experience as described in *Lectura 1*?

_____

_____

_____

_____

Writing Task Rubric

	Score: 1 **Does not meet expectations**	Score: 3 **Meets expectations**	Score: 5 **Exceeds expectations**
Completion of task	Does not complete the task within context of the topic.	Partially completes the task within context of the topic.	Effectively completes the task within context of the topic.
Use of evidence	Student presents no evidence from the selections to support response.	Student presents evidence from only one or two selections to support response.	Student presents evidence from all three selections to support response.
Comprehensibility	Student's ideas are unclear and are difficult to understand.	Student's ideas are somewhat clear and coherent and fairly well understood.	Student's ideas are clear, coherent, and easily understood.
Language use	Very little variation of vocabulary use with many grammatical errors.	Limited usage of vocabulary with some grammatical errors.	Extended use of a variety of vocabulary with very few grammatical errors.

Tema 6 — La televisión y el cine: Integración de ideas (continuación)

Hablar y escuchar

Work with a partner. Imagine your partner is an actor or musician from a Spanish-speaking country who wants to cross over to gain popularity in the United States. Give three pieces of advice to him or her on how to successfully cross over. Use information from all three readings to prepare an explanation for your advice. When you finish, switch roles. Present your dialogues to the class.

Presentational Speaking Task Rubric

	Score: 1 Does not meet expectations	Score: 3 Meets expectations	Score: 5 Exceeds expectations
Completion of task	Does not complete the task within context of the topic.	Partially completes the task within context of the topic.	Effectively completes the task within context of the topic.
Use of evidence	Student presents no evidence from the selections to support response.	Student presents evidence from only one or two selections to support response.	Student presents evidence from all three selections to support response.
Comprehensibility	Student's ideas are unclear and difficult to understand.	Student's ideas are somewhat clear and coherent and fairly well understood.	Student's ideas are clear, coherent, and easily understood.
Language use	Very little variation of vocabulary use with many grammatical errors.	Limited usage of vocabulary with some grammatical errors.	Extended use of a variety of vocabulary with very few grammatical errors.

Tema 7   **Buen provecho: Lectura 1**

La evolución del chocolate

1 El chocolate es un producto que todos conocemos. Pero pocas personas saben su historia. 5 Antes de ser el dulce que compramos en las tiendas, el chocolate era la bebida sagrada (*sacred*) de los aztecas. Solo los 10 nobles y los guerreros (*warriors*) podían beberlo. Los aztecas preparaban chocolate con las semillas (*seeds*) del árbol de 15 cacao. Pensaban que el chocolate tenía muchos beneficios, entre ellos, que curaba enfermedades. Los curanderos (*healers*) 20 usaban el chocolate para curar la bronquitis y el miedo.

"La bebida divina, que aumenta la resistencia y combate la fatiga. Una taza de esta preciosa bebida permite al hombre caminar durante un día entero sin comer." *Hernán Cortés (1519)*

Para preparar chocolate, los aztecas molían (*ground*) 25 las semillas de cacao. Luego ponían el cacao molido en un tipo de taza grande decorada, añadían agua, unos granos de maíz 30 cocido, a veces una especia (*spice*) y batían la mezcla. Cambiaban el líquido de una taza a otra varias veces para hacer espuma (*foam*). 35 La espuma es lo que bebían y la tomaban fría.

El nuevo oro

En 1502, Cristobal Colón descubrió las semillas de 40 cacao cuando robó la carga (*cargo*) de un comerciante (*trader*) maya. Colón observó que las semillas eran valiosas para los 45 nativos americanos. Ellos las usaban como dinero. Para él, las semillas no fueron importantes. Años después, el conquistador 50 Hernán Cortés envió las primeras semillas de cacao a España.

Los españoles adaptaron la receta original azteca al 55 gusto europeo. Añadieron ingredientes dulces

Las vainas (*pods*) y semillas de cacao al lado de productos de chocolate

como la miel, el azúcar y la leche. Los españoles trataron de mantener el 60 chocolate en secreto, pero otros países europeos pronto supieron de esta bebida. La popularidad del chocolate creció y 65 otros países empezaron a servirlo. El chocolate era el nuevo oro.

Tema 7   Buen provecho: Lectura 1 (continuación)

Chocolate en barra

En el siglo XIX, la
70 producción de chocolate
cambió. Los ingleses
hicieron el primer
chocolate sólido cuando
mezclaron el cacao
75 en polvo, azúcar y la
manteca del cacao (*cocoa
butter*). Luego los suizos
(*Swiss*) mezclaron otros
ingredientes como la leche
80 condensada y la vainilla
en la receta para hacer
un chocolate más dulce
y suave. La fórmula del
suizo M. Daniel Peter usó
85 la leche condensada de la
compañía de Henri Nestlé
para perfeccionar la receta.
Así nació el chocolate con
leche en barra que sigue
90 popular hasta hoy.

En Estados Unidos, el
chocolate con más tradición
es el de la compañía
Hershey. Milton S. Hershey
95 abrió una tienda de dulces
en Pennsylvania. Después
de unos años, él la vendió
para concentrarse en la

**Una tienda de chocolate, el producto especial de
la ciudad de Oaxaca, México**

producción de barras de
100 chocolate. "Los caramelos
son una moda pero el

chocolate es una cosa
permanente," Hershey
explicó.

Tema 7

Vocabulario y comprensión

1. **Vocabulario** Read this sentence from the text: "*Colón observó que las semillas eran valiosas para los nativos americanos.*" [lines 42–45] Complete the following questions.

   Part A: What information from the surrounding text can you use to determine the meaning of "*valiosas*"?

   A "…robó la carga de un comerciante maya."

   B "Ellos las usaban como dinero."

   C "Para él, las semillas no fueron importantes."

   D "Colón descubrió las semillas de cacao…"

   Part B: According to your answer in part A, what is an equivalent to "*valiosas*"?

   A important

   B valuable

   C valiant

   D insignificant

2. **Composición y estructura** Read this sentence from the text: "*El chocolate era el nuevo oro.*" [lines 66–67] Which of the following statements can be inferred from this metaphor?

   A Chocolate could be mined, processed, and sold like gold.

   B Chocolate was coveted in a way similar to gold.

   C Chocolate was as scarce and bright as gold.

   D Chocolate wrapped in gold became very popular.

3. **Ideas clave y detalles** Which of the following statements about the history of chocolate can be corroborated with evidence in the text? Choose **two**.

   A Ancient American civilizations used chocolate as medicinal therapy.

   B For many centuries, chocolate was a scarce and sacred product.

   C Adding condensed milk and cocoa butter allows chocolate to form bars.

   D Milton S. Hershey wanted to be a chocolatier from a very young age.

Vocabulario y comprensión (continuación)

4. **Ideas clave y detalles**   Read the following quote from the text: *"Los caramelos son una moda pero el chocolate es una cosa permanente."* [lines 100–103] What does the quote from Milton S. Hershey imply about his opinion of chocolate as a business?

   A Chocolate was a risky enterprise.

   B Chocolate was a safe investment.

   C Chocolate required permanency.

   D Chocolate could be fashionable.

5. **Ideas clave y detalles**   Which option best describes the main idea of this reading?

   A Hot chocolate became an expensive and rare commodity in Spain.

   B Chocolate production and consumption changed throughout the centuries.

   C The Aztecs and the Mayans predicted how popular chocolate would become.

   D In contrast to its beginnings, today chocolate has little value beyond its taste.

Tema 7   **Buen provecho: Lectura 2**

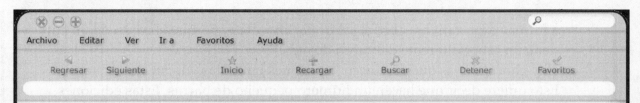

Archivo   Editar   Ver   Ir a   Favoritos   Ayuda

Regresar   Siguiente   Inicio   Recargar   Buscar   Detener   Favoritos

Un club de fanáticos del chocolate

1   La semana pasada una amiga me invitó a una chocolatería en el centro. "Allí tengo una clase para probar variedades de chocolate," ella me explicó, "el verdadero chocolate. Yo soy una esnob del chocolate".

¿Esnob del chocolate? ¿Chocolate verdadero? En contraste con mi amiga, para 5 mí, el chocolate verdadero es el dulce que compro en el supermercado. No sabía sobre chocolates no verdaderos y no sabía que dan clases sobre el chocolate. Asistí a la clase con mi amiga con mucha curiosidad.

Estas son mis notas sobre lo que aprendí en la clase:

- El chocolate del supermercado usualmente no es chocolate verdadero. Es un
10   dulce hecho de un poco de cacao, pero principalmente de manteca de cacao, leche y azúcar.

- La manteca de cacao es un derivado del cacao. Es la grasa
15   que se obtiene al moler la semilla. No es chocolate porque no contiene sólidos de cacao.

- El chocolate blanco tampoco es chocolate. Es solo una mezcla de manteca de cacao, azúcar y leche,
20   sin nada de cacao. Un esnob *nunca* come chocolate blanco.

- El chocolate negro debe tener por lo menos un 34% de cacao.
25   Cuando el porcentaje de cacao es más alto, el chocolate es mejor. Para mi amiga, este es el chocolate verdadero.

- Saber de dónde es la semilla de
30   cacao es muy importante. "Origen único" significa que todo el cacao en una barra es de un país o región. Esta información ayuda

La cosecha (*harvest*) de cacao, México

a formar expectativas sobre el sabor del chocolate, porque el cacao de un país
tiene un sabor diferente del cacao de otro.

- Hay chocolaterías que producen "ediciones limitadas" de un chocolate.
  Esto quiere decir que hacen un número pequeño de barras. Estas ediciones
  especiales son muy caras.

- Otro término popular es "edición *vintage*". En estas ediciones, la chocolatería
  pone en la etiqueta (*label*) el año en que el cacao fue cosechado (*harvested*).
  Aparentemente, algunos años dan mejor chocolate que otros.

En realidad, la experiencia fue agradable y aprendí mucho. Aparte de
aprender sobre la historia del chocolate (¡Gracias, México!), confirmé que a los
"chocohólicos" les gusta relacionarse con personas similares. Mi amiga y las otras
personas se veían realmente muy felices. Comían pedazos muy pequeños de
chocolate muy caro, repitiendo: "Se puede notar un sabor a la tierra (*earth*)". "Es
delicioso". "Esta barra tiene un sabor picante". "Esta tiene sabor de canela (*cinammon*)".

Yo nunca voy a ser una esnob del chocolate porque me gustan todos los tipos.
Aparte de los beneficios que me da como antioxidante, el chocolate es mi mejor
amigo. A las cuatro de la tarde en el trabajo, no puedo llegar a las cinco sin un poco
de chocolate. Me da energía.

Chocolate blanco, negro y con leche, para diferentes gustos

Vocabulario y comprensión

1. **Vocabulario**   Read this sentence from the text: "*La semana pasada una amiga me invitó a una chocolatería.*" [line 1] According to the content of the selection, what is the meaning of "*chocolatería*"?

   A a place that publishes exclusive editions

   B a person that makes chocolate

   C a store that specializes in chocolate

   D a place where cacao trees are grown

2. **Ideas clave y detalles**   What does the narrator mean when she says her friend likes "*el chocolate verdadero*"? [line 5]

   A She prefers chocolate that is made with cocoa butter.

   B She likes dark chocolate with at least 34% cocoa solids.

   C She only likes chocolate that is sold at *chocolaterías*.

   D She likes chocolate that contains condensed milk and sugar.

3. **Ideas clave y detalles**   According to the narrator, which of the following sentences does **NOT** describe a chocolate snob?

   A a person that likes imported chocolate

   B a person that does not eat white chocolate

   C a person that eats chocolate for its health benefits

   D a person that buys limited edition chocolates

4. **Ideas clave y detalles**   Read this excerpt from the text: "*Saber de dónde es la semilla de cacao es muy importante.*" [lines 29–30] What idea expressed in the reading supports this opinion?

   A Different regions of the world produce different tasting cacao beans.

   B Countries have different standards regarding cacao content in chocolate.

   C "*Origen único*" means that all the cacao in a bar comes from one region.

   D There are years when cacao tastes better due to weather conditions.

Vocabulario y comprensión (continuación)

5. **Composición y estructura** According to the narrator, chocolate snobs declare, "*Se puede notar un sabor a la tierra.*" What concept explained in the text best clarifies this image?

  A ediciones *vintage*

  B chocolate verdadero

  C edición limitada

  D origen único

6. **Integración de conocimientos** The writer of this piece writes, "*¡Gracias, México!*" What information in the first reading explains this statement?

  A Mayan chocolate was discovered by Christopher Columbus.

  B Milton S. Hershey started his chocolate factory in Mexico.

  C Mexican chocolate has a high percentage of cocoa solids.

  D Ancient Mexicans developed the first variety of chocolate.

Tema 7

Buen provecho: Integración de ideas

Escribir

Based on what you have read about the history of chocolate and its popularity and preparation today, write an explanation of how the preparation and consumption of chocolate today is similar and/or different from that of the Aztecs and Spanish colonists. Use information from both readings in your response.

_____

_____

_____

_____

_____

Writing Task Rubric

	Score: 1 Does not meet expectations	Score: 3 Meets expectations	Score: 5 Exceeds expectations
Completion of task	Does not complete the task within context of the topic.	Partially completes the task within context of the topic.	Effectively completes the task within context of the topic.
Use of evidence	Student presents no evidence from either selection to support response.	Student presents evidence from only one selection to support response.	Student presents evidence from both selections to support response.
Comprehensibility	Student's ideas are unclear and difficult to understand.	Student's ideas are somewhat clear and coherent and fairly well understood.	Student's ideas are clear, coherent, and easily understood.
Language use	Very little variation of vocabulary use with many grammatical errors.	Limited usage of vocabulary with some grammatical errors.	Extended use of a variety of vocabulary with very few grammatical errors.
Fluency	Uses simple sentences or fragments.	Uses complete but simple sentences.	Uses a combination of simple and complex sentences.

Tema 7 — Buen provecho: Integración de ideas (continuación)

Hablar y escuchar

Work with a partner to create a concept for a new chocolate bar. Use information from both readings to explain why your bar would be appreciated by chocolate snobs. Create a detailed label and a promotional poster for your product. Share them with the class in a presentation.

Presentational Speaking Task Rubric

	Score: 1 Does not meet expectations	Score: 3 Meets expectations	Score: 5 Exceeds expectations
Completion of task	Does not complete the task within context of the topic.	Partially completes the task within context of the topic.	Effectively completes the task within context of the topic.
Use of evidence	Student presents no evidence from either selection to support response.	Student presents evidence from only one selection to support response.	Student presents evidence from both selections to support response.
Comprehensibility	Student's ideas are unclear and difficult to understand.	Student's ideas are somewhat clear and coherent and fairly well understood.	Student's ideas are clear, coherent, and easily understood.
Language use	Very little variation of vocabulary use with many grammatical errors.	Limited usage of vocabulary with some grammatical errors.	Extended use of a variety of vocabulary with very few grammatical errors.
Use of visuals in presentation	Student does not include visual support in the presentation.	Student uses visual support that is somewhat difficult to understand, incomplete, and/or inaccurate.	Student uses visual support that is easy to understand, complete, and accurate.

Tema 8 | **Cómo ser un buen turista: Lectura 1**

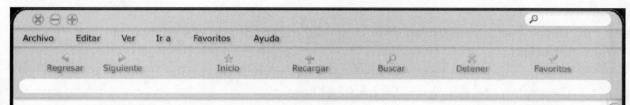

Cómo hacer tu maleta con eficiencia

1   ¿Vas a hacer un viaje en avión? Hoy en día muchas líneas aéreas solo te permiten una maleta gratis (*free*). Cuando llegas al aeropuerto van a facturar y pesar tu maleta. Y cobran a los pasajeros por el peso de sus maletas. ¡Cada kilo adicional puede salir muy caro! Así que es necesario que aprendas a hacer tu maleta con

5   inteligencia. Estas diez estupendas recomendaciones te pueden ayudar si viajas en avión, pero también en tren, en autobús o en auto.

1. **La regla más importante: Debes llevar solamente lo necesario y nada más.**

2. Es importante escoger la mejor maleta para tu viaje. Una maleta con ruedas es perfecta para moverte en el aeropuerto o la estación de tren. Pero si vas

10   a andar con tu equipaje en calles desiguales (*uneven*) o de tierra, es mejor llevarte una mochila.

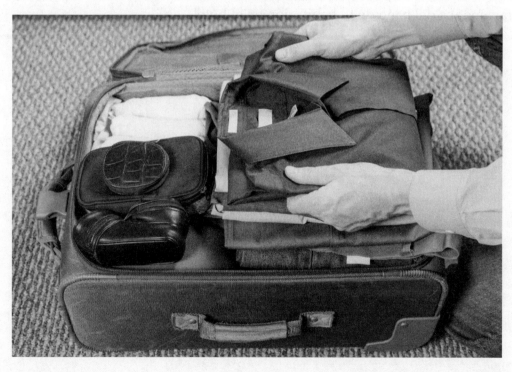

3. A la hora de hacer tu maleta, sugerimos que enrolles (*roll up*) cada prenda (*garment*). Usas menos espacio y puedes localizar tu ropa fácilmente. Además, la ropa enrollada no se arruga (*wrinkle*).

15   4. Tienes que informarte sobre el clima del lugar adonde vas y llevar la ropa apropiada.

5. Si te quedas en un hotel, no tienes que llevar champú, toallas, jabón o secadora. Generalmente, esas cosas las ofrece el hotel.

6. Es buena idea escoger zapatos que puedan combinarse con varios conjuntos

20   de ropa. Los zapatos toman mucho espacio en la maleta y también pesan mucho. No debes llevar muchos pares.

7. Nunca pongas tus documentos importantes (el pasaporte, la tarjeta de embarque, tu itinerario) en tu maleta. Es mejor llevar estas cosas en tu bolsa o en la maleta de mano.

25   8. Se recomienda que uses pequeños envases (*containers*) de plástico para tus productos de higiene personal. Recuerda que las líneas aéreas prohíben envases grandes en las bolsas de mano.

9. Es mejor que lleves puesta la ropa más pesada. Puedes quitarte tu saco y abrigo una vez que estés en tu asiento.

30   10. Para llevar menos ropa, puedes planear lavar tu ropa durante el viaje. Hay lavanderías en la mayoría de los lugares. También puedes lavar ropa en el lavamanos del baño de tu habitación en el hotel.

Vocabulario y comprensión

1. **Vocabulario**   Which group of words from the text would you place in the category of *"equipaje"*?

   A zapatos, ropa, abrigo

   B champú, toallas, jabón

   C maleta, mochila, bolsa de mano

   D hotel, lavamanos, lavandería

2. **Vocabulario**   The related words *"pesar"* [line 2], *"peso"* [line 3], *"pesan"* [line 20], and *"pesada"* [line 28] are used in the reading. Using the context as a clue, complete each sentence with the appropriate word from the box.

peso	pesa	pesada	pesar

   A No debes llevar muchos pares de zapatos porque las maletas van a _____ demasiado.

   B Debes llevar solo lo necesario para que tu maleta no sea muy _____.

   C Debes pensar en cuánto _____ puedes levantar cuando haces tus maletas.

   D No debes poner en la maleta la ropa que _____ más.

3. **Ideas clave y detalles**   What advice can you logically infer from the statement *"Pero si vas a andar con tu equipaje en calles desiguales o de tierra, es mejor llevarte una mochila"*? [lines 9–11]

   A Taking a backpack is easier than trying to roll a suitcase on uneven ground.

   B Dragging a backpack over uneven ground is harder than rolling a suitcase.

   C It's better to take your luggage over uneven ground than to carry a backpack.

   D Carrying a heavy backpack is not recommended when traveling.

4. **Ideas clave y detalles**   Read the following statement from the reading: *"Nunca pongas tus documentos importantes (el pasaporte, la tarjeta de embarque, tu itinerario) en tu maleta"*. [lines 22–23] What do you infer is the writer's point in offering that advice?

   A You will need your documents during the trip.

   B The documents are safer if you carry them.

   C Your documents could get lost if your luggage is misplaced.

   D All of the above.

Nombre _____   Hora _____

Tema 8   Fecha _____

Vocabulario y comprensión (continuación)

5. Ideas clave y detalles   The author describes the importance of packing efficiently. Which details from the article imply efficiency? Choose **two**.

   A usar pequeños envases de plástico

   B enrollar tu ropa en la maleta

   C llevar una maleta con ruedas

   D quitarte la ropa pesada en el avión

6. Ideas clave y detalles   Why are packing tips important for an air traveler?

   A Packing is difficult and shortcuts can be helpful.

   B There are weight limitations and only one suitcase is free.

   C The tips provide a step-by-step process on how to pack.

   D It is important that a traveler learn the hazards of packing.

7. Ideas clave y detalles   What is the main purpose of the reading?

   A It gives the readers ideas on how to save money when traveling.

   B The purpose is to teach travelers what not to do when packing.

   C It provides travelers with tips on selecting an appropriate suitcase.

   D The list offers suggestions on how to pack more efficiently.

Tema 8   Cómo ser un buen turista: Lectura 2

Buen viaje

1 **M**ás de mil millones de personas viajaron como turistas en 2012. Desafortunadamente no todos eran buenos turistas. Un buen turista es alguien
5 que respeta a las personas y la cultura de los lugares que visita. También es alguien con la mente abierta. Lee estas ideas para un buen viaje y vas a aprender cómo ser un buen turista en cualquier parte de
10 México, el Caribe, Centro o Sudamérica.

1. **Es mejor que aprendas sobre el lugar adonde vas a viajar.** Antes de tu viaje, investiga un poco sobre la gente, por ejemplo cómo se viste o cuáles son las
15 tradiciones o festivales que celebra. Es una buena idea aprender a pronunciar los nombres de los sitios o las calles en español. También, si es posible, debes hablar con personas que conocen
20 el lugar. Pueden darte algunas sugerencias acerca de adónde ir o qué hacer. Debes comprar una guía turística del país para llevar contigo.

2. **Siempre debes respetar la cultura**
25 **local.** Tienes que poner atención a las costumbres de las personas a tu alrededor (*around you*). Vístete apropiadamente. Si no estás en la playa, no te pongas sandalias ni pantalones
30 cortos para ir a comer a un restaurante elegante. Si entras a una catedral o a un museo y las personas están hablando en voz baja, no comiences a hablar en voz alta o hacer ruido.

35 3. **Es importante cuidar tu conducta durante el viaje.** El dicho "lo que ocurre en Las Vegas, se queda en Las Vegas" no se aplica, porque cuando

Una turista consulta su mapa frente a la Torre del Reloj en Cartagena, Colombia.

viajas al extranjero, representas a tu
40 país. Tu comportamiento (*behavior*) debe ser superior. Si actúas con cortesía y dices "gracias" y "por favor", la gente te trata (*treat you*) mejor. Y vas a dejar una mejor impresión. Habla
45 con las personas locales. Puedes aprender mucho. Dicen que escuchar lo que dicen las personas nativas es el verdadero camino al corazón (*heart*) de un lugar. Hay que recordar que eres un
50 invitado (*guest*) y debes actuar como invitado.

4. **Trata de no comparar.** Cuando viajas a otros países, seguramente vas a encontrar diferencias que

55 te sorprendan. Recuerda el dicho "Cuando estás en Roma, haz lo que hacen los romanos". No es bueno hacer demasiadas comparaciones con las cosas que se hacen en tu propio país.

60 Disfruta la originalidad del lugar.

5. **Debes minimizar tu impacto en el medio ambiente (*environment*).** La contaminación es un problema en muchos países. Puedes ayudar al no

65 usar botellas de plástico. También puedes reusar las bolsas de plástico de las tiendas. Si planeas bucear, no debes tocar ni pisar (*step on*) el coral. Los arrecifes (*reefs*) de coral son muy

70 vulnerables al impacto del turismo. Es tan importante ser un buen "ecoturista" como ser un buen invitado.

Al final de cuentas, si tratas a las personas como quieres que te traten a

75 ti, vas a disfrutar de unas vacaciones estupendas.

Tema 8

Vocabulario y comprensión

1. **Vocabulario** Reread the sentence from the text, then complete the questions that follow:
"Si actúas con cortesía y dices 'gracias' y 'por favor', la gente te trata mejor." [lines 41–43]

   Part A: Which phrase from the sentence helps you to understand the word *"cortesía"*?

   A te trata mejor

   B dices "gracias" y "por favor"

   C una mejor impresión

   D ser superior

   Part B: What is the meaning of *"cortesía"*?

   A curiosity

   B manner

   C behavior

   D politeness

2. **Vocabulario** Based on the reading, what can you infer about the type of people who might be called *"ecoturistas"*?

   A visitors who respect the environment of the place they visit

   B tourists who study ecology in a foreign country

   C divers who study and protect the ocean and the coral reefs

   D tourists who use plastic water bottles while on vacation

3. **Ideas clave y detalles** A tourist in Mexico has a guide book in his hand and is speaking to a local vendor in Spanish. What "good tourist" rules is he following?

   A Rules 2 and 3

   B Rules 1 and 3

   C Rules 1 and 5

   D Rules 4 and 5

Tema 8

Vocabulario y comprensión (continuación)

4. **Composición y estructura**   The writer uses figurative language in the following statement: *"Dicen que escuchar lo que dicen las personas nativas es el verdadero camino al corazón de un lugar."* [lines 46–49] What does the writer mean by this statement?

   A Local people will always tell you information from their heart.

   B Listening to local people will fill your heart with joy.

   C The pathway to a country passes through the heart of a city.

   D You learn most about a country from listening to local people.

5. **Ideas clave y detalles**   Which statement best summarizes the central idea of the article?

   A Following a few simple travel suggestions will make you a better tourist.

   B Millions of people travel, but there are only a few who follow the rules.

   C Being polite and talking to local people will ensure a good trip.

   D You cannot enjoy a vacation unless you follow these suggestions.

6. **Integración de conocimientos**   Based on what you read in *Lecturas 1* and 2, which of the following sentences about traveling is true?

   A Don't worry about packing special clothes. People everywhere dress casually.

   B Pack for every situation because you never know what the weather will be like.

   C It's important to learn about the place you're planning to visit and pack accordingly.

   D It's a good idea to pack several plastic bottles of water just in case you need them.

Tema 8 · Cómo ser un buen turista: Lectura 3

México maravilloso

1 ¿**E**stás listo para hacer un viaje extraordinario a México? Te recomiendo que comiences tu excursión en la Ciudad de México, porque hay
5 muchas cosas que hacer. Puedes subir a una pirámide, visitar un palacio o regatear en un mercado de artesanías. Te recomiendo que lleves ropa ligera, pero no olvides poner un suéter o chaqueta en tu
10 maleta porque el clima es variable.

El Zócalo, Ciudad de México

¡OJO! La moneda nacional de México es el peso. Antes que nada, es necesario que vayas a una casa de cambio para cambiar tu dinero.

Transporte: Ir de un lugar al otro como turista en esta ciudad de 20 millones de habitantes puede ser un poco difícil. Pero hay muchos métodos de transporte
15 público. Puedes viajar en metro, trolebús, camión o taxi. El metro solo cuesta 5 pesos y un boleto te permite transferir de una línea a otra.

¡OJO! Las horas de más congestión son de 6 a 9 de la mañana, de 3 a 4 de la tarde y de 6 a 9 de la noche. Debes evitar (*avoid*) usar el metro durante esas horas.

En la capital: Durante tu primer día en
20 la Ciudad de México, es mejor que hagas una gira por los lugares más conocidos, como el centro histórico y el Parque de Chapultepec. En el Zócalo, la plaza central, te sugiero que visites la Catedral,
25 las ruinas de Tenochtitlán y el Palacio Nacional. Los famosos murales de Diego Rivera están en el segundo piso del palacio. Tal vez al día siguiente puedas ir al Parque de Chapultepec. Es el área
30 verde más grande de la ciudad. Allí están el Museo Nacional de Antropología, el zoológico, jardines, restaurantes y un parque de atracciones. Después, tienes que ir a uno de los buenos restaurantes de
35 la Zona Rosa para comer. Te recomiendo también que vayas de compras al mercado de artesanías en la Zona Rosa. Allí es posible encontrar muchos recuerdos mexicanos a buen precio.

¡OJO! Te sugiero que regatees en español con los vendedores en el mercado. ¡Si hablas en español tal vez te den mejores precios!

Tema 8 — Cómo ser un buen turista: Lectura 3 (continuación)

40 **Cuernavaca:** A solo 50 millas de la Ciudad de México está Cuernavaca, la Ciudad de la Eterna Primavera. Tiene muchos jardines espectaculares y la arquitectura colonial es hermosa. Además la temperatura promedio
45 (*average*) es 70°F todo el año. Te recomiendo que visites la plaza central de noche. Siempre hay espectáculos interesantes como acróbatas, músicos y bailarines. Al lado de la plaza, queda el Jardín Juarez.

El kiosko del Jardín Juárez, Cuernavaca

50 En el kiosko del jardín se presentan bandas sinfónicas los jueves y los domingos. Hay muchos restaurantes y cafés al aire libre cerca de la plaza y el jardín.

¡**OJO!** La comida en los restaurantes de México tiene un impuesto (*tax*) del 15% y no está incluido en el precio del menú.

Desfile de mariachis, Guadalajara

Guadalajara: Después de visitar
55 Cuernavaca, puedes ir en avión o autobús a la ciudad de Guadalajara. Es la segunda ciudad más grande de México. ¡También es el lugar del nacimiento (*birthplace*) de los mariachis! Después de conocer
60 los lugares de más interés, como la catedral o el Instituto Cultural Cabañas, te recomiendo que vayas a la Barranca de Oblato. Este cañón tiene 2,000 pies de profundidad (*depth*). Puedes dar una
65 caminata por los senderos (*paths*) pero te sugiero que vayas con precaución (¡y con buenos zapatos!). Y si tienes hambre después, toma un camión al centro de Guadalajara para comer comida típica.
70 A veces la mejor comida viene de las pequeñas taquerías, pero es mejor evitar los puestos de tacos en la calle.

¡**OJO!** Los mexicanos comen su comida principal entre las 2 y las 4 de la tarde y cenan más o menos a las 8 de la noche. Puedes encontrar los restaurantes muy llenos (*full*) durante estas horas.

Vocabulario y comprensión

1. **Vocabulario** Complete the following questions.

   Part A: Read this sentence from the text: "*A solo 50 millas de la Ciudad de México está Cuernavaca, la Ciudad de la Eterna Primavera.*" [lines 40–42] What can you infer about why Cuernavaca is called the "city of eternal spring"?

   A It has a warm climate year-round.

   B The city has many flower gardens.

   C There are nightly shows in the plaza.

   D You can eat at outdoor cafés.

   Part B: What excerpt from the text supports your answer in part A?

   A "Siempre hay espectáculos interesantes como acróbatas, músicos y bailarines".

   B "La temperatura promedio es 70°F todo el año".

   C "Hay muchos restaurantes y cafés al aire libre".

   D "Tiene muchos jardines espectaculares y la arquitectura colonial es hermosa".

2. **Composición y estructura** In the reading, the word "*¡OJO!*" appears several times. Using what you know of Spanish and the context as a clue, what is the point of using the word "*¡OJO!*"?

   A to tell the reader to "keep an eye out" for someone or something

   B to warn the reader to "Look out!" for danger

   C to inform the reader of important information

   D to warn the reader that he or she might get into trouble

3. **Ideas clave y detalles** What can you infer from the statement "*Puedes dar una caminata por los senderos pero te sugiero que vayas con precaución (¡y con buenos zapatos!).*"? [lines 64–67]

   A La caminata por los senderos de la Barranca de Oblato es difícil.

   B Los zapatos caros son una necesidad en Guadalajara.

   C No debes usar buenos zapatos en los senderos.

   D Caminar por la calles de Guadalajara requiere buenos zapatos.

Vocabulario y comprensión (continuación)

4. Ideas clave y detalles   Based on the information provided in the blog, which items would be most useful to pack for the trip to Mexico City and Guadalajara?

   A botas para el frío y ropa pesada

   B un abrigo de lana y jeans

   C un traje de baño y pantalones cortos

   D zapatos cómodos y un suéter de algodón

5. Ideas clave y detalles   Which of the following suggestions is **NOT** mentioned in the reading?

   A Debes ir en el metro cuando hay menos gente.

   B Es necesario pagar 15% de propina en los restaurantes.

   C Debes ir de noche a la plaza central en Cuernavaca.

   D Puedes obtener mejores precios en el mercado si hablas español.

6. Integración de conocimientos   Imagine you are planning to hike the trails in the Barranca de Oblato. Based on the information in all three readings, which suggestion should you follow?

   A Necesito poner mis botas en mi maleta y llevar una botella de plástico para agua.

   B Necesito llevar unos zapatos de tenis en mi maleta y una botella reusable para agua.

   C Primero debo poner varias botellas de agua en mi maleta para el viaje.

   D Cuando hago mi maleta voy a poner un abrigo pesado y unos tenis especiales.

Tema 8 · Cómo ser un buen turista: Integración de ideas

Escribir

Imagine you are getting ready for a trip to Mexico. Write a paragraph about how you prepare for your trip, what you plan to pack, and what you are going to do when you arrive at your destination. Use the details and apply the suggestions given in all three readings.

_____

_____

_____

_____

_____

Writing Task Rubric

	Score: 1 Does not meet expectations	Score: 3 Meets expectations	Score: 5 Exceeds expectations
Completion of task	Does not complete the task within context of the topic.	Partially completes the task within context of the topic.	Effectively completes the task within context of the topic.
Use of evidence	Student presents no evidence from the selections to support response.	Student presents evidence from only one or two selections to support response.	Student presents evidence from all three selections to support response.
Comprehensibility	Student's ideas are unclear and difficult to understand.	Student's ideas are somewhat clear and coherent and fairly well understood.	Student's ideas are clear, coherent, and easily understood.
Language use	Very little variation of vocabulary use with many grammatical errors.	Limited usage of vocabulary with some grammatical errors.	Extended use of a variety of vocabulary with very few grammatical errors.
Fluency	Uses simple sentences or fragments.	Uses complete but simple sentences.	Uses a combination of simple and complex sentences.

Tema 8 — Cómo ser un buen turista: Integración de ideas (continuación)

Hablar y escuchar

Work with a partner and analyze the travel readings. Discuss the travel tips and choose six recommendations from *Lecturas 1* and *2* that you both agree are the most useful. For each tip, give an example of how following that suggestion would positively impact a trip to Mexico. Also include an example of how **NOT** following the tip could have a negative impact. Present your examples to the class.

Speaking Task Rubric

	Score: 1 Does not meet expectations	Score: 3 Meets expectations	Score: 5 Exceeds expectations
Completion of task	Does not complete the task within context of the topic.	Partially completes the task within context of the topic.	Effectively completes the task within context of the topic.
Use of evidence	Student presents no evidence from the selections to support response.	Student presents evidence from only one or two selections to support response.	Student presents evidence from all three selections to support response.
Comprehensibility	Student's ideas are unclear and difficult to understand.	Student's ideas are somewhat clear and coherent and fairly well understood.	Student's ideas are clear, coherent, and easily understood.
Language use	Very little variation of vocabulary use with many grammatical errors.	Limited usage of vocabulary with some grammatical errors.	Extended use of a variety of vocabulary with very few grammatical errors.

Tema 9   ¿Cómo será el futuro?: Lectura 1

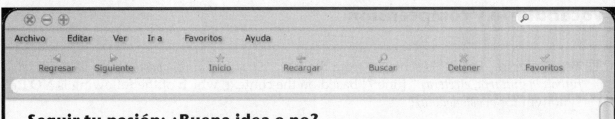

Seguir tu pasión: ¿Buena idea o no?

1 *"Encuentra un trabajo que te guste y no volverás a trabajar ni un solo día de tu vida."*
                                                   —Confucio

     Es inevitable: algún día, tendrás que trabajar. ¿Cómo te ganarás la vida? ¿Qué carrera elegirás y por qué? ¿Has recibido consejos (*advice*) sobre estas preguntas?
5 Quizás has oído la frase *seguir tu pasión*. Pero, ¿qué significa?

     Algunos dicen que para seguir tu pasión, primero hay que identificarla. Tal vez dices, "Sí, sí, soy un(a) apasionado(a) del baile (el fútbol, la guitarra)". Pero, ¿puedes ser bailarina (futbolista, guitarrista) profesional? Es posible, pero para muchos, el futuro depende de un plan más realista. Por eso es importante
10 encontrar algo interesante a lo que te puedas dedicar. Si no sabes qué es, hay que experimentar. Toma un curso en línea. Haz trabajo voluntario. Viaja por el mundo. Aprende sobre ti mismo(a) para saber lo que te interesa. Y una vez que sepas, debes determinar si puedes ganarte la vida de esta manera. Pero, además de tus intereses, considera tus talentos. Si hay algo que te viene fácilmente y en lo que puedes
15 brillar (*excel*), trata de incorporarlo a tu carrera. Si tienes talento en tu trabajo, es más probable que será tu pasión. Por fin, piensa en los demás. ¿Es tu pasión algo útil para otros? ¿Qué problemas puede resolver para los demás? Si contestaste "no/ninguno" a estas preguntas, quizás deberías considerar otra alternativa.

     La realidad es que muchas personas que se consideran "contentas" en la vida
20 profesional han desarrollado (*developed*) una pasión por medio del trabajo. Es decir, consiguieron un trabajo que les permitió aprender cosas nuevas y conocer a gente creativa e inteligente. Así, el trabajo les interesaba más y más y por fin se volvió pasión. El trabajo, en un ambiente muy positivo, puede resultar en satisfacción personal y profesional.

25   No hay una respuesta fácil a la pregunta *¿Qué debo hacer con mi vida después de graduarme?* Para contestarla, primero piensa en tu vida y tus valores (*values*). ¿Te importa el impacto que tu trabajo tiene? ¿Quieres autonomía en el trabajo? ¿Quieres aprender nuevas cosas en el trabajo? No debes definir el éxito en términos de dinero y poder (*power*), como tanta gente lo define. No debes trabajar solo por el
30 salario o el título. Pero, tampoco debes seguir tu pasión en tu carrera si no tendrá un impacto positivo en tu vida personal y en la sociedad. Para la satisfacción, tienes que encontrar un equilibrio.

Vocabulario y comprensión

1. **Vocabulario**   Read this sentence from the text: "*Sí, sí, soy un(a) apasionado(a) del baile (el fútbol, la guitarra, etcétera)*." [line 7] Based on the context, which of the following is **NOT** a synonym for *apasionado(a)*?

   A realista

   B entusiasta

   C aficionado(a)

   D fanático(a)

2. **Vocabulario**   Complete the following questions.

   Part A: Read this sentence from the text: "*La realidad es que muchas personas que se consideran 'contentas' en la vida profesional han desarrollado su pasión por medio del trabajo*." [lines 19–20] Based on the context, what is the meaning of the phrase "*por medio de*"?

   A before

   B after

   C through

   D in spite of

   Part B: Using your response in part A, select the best summary for the sentence above.

   A El trabajo hace contentas a muchas personas profesionales.

   B El trabajo puede ayudar a las personas a encontrar la pasión.

   C Muchas personas están contentas porque consideran el trabajo una realidad.

   D Los trabajadores nunca están contentos en la vida profesional.

3. **Ideas clave y detalles**   Reread paragraph 2 [lines 6–18]. Which of the following is **NOT** suggested as something a person should do to determine his or her interests before choosing a career?

   A explorar el mundo un poco

   B estudiar algo en línea

   C hacer un trabajo sin pago

   D ser atleta o artista profesional

Vocabulario y comprensión (continuación)

4. **Ideas clave y detalles** Reread paragraph 4 [lines 25–32]. Many people mistakenly define success solely as which of the following?

   A tener valores personales

   B ser rico y poderoso

   C tener un impacto

   D hacer lo que le gusta

5. **Ideas clave y detalles** Imagine that you wanted to add more information to the last sentence of the reading. Identify the option below that best completes the sentence: *"Para la satisfacción, tienes que encontrar un equilibrio entre…"*

   A el trabajo y la familia

   B lo personal y lo profesional

   C el dinero y el poder

   D los intereses y los talentos

6. **Ideas clave y detalles** Reread the quote from Confucius: *"Encuentra un trabajo que te guste y no volverás a trabajar ni un solo día de tu vida."* Which sentence below **best** summarizes the idea behind this quote?

   A It will not feel like work if you like doing your job.

   B It will feel like work if you get paid for doing your job.

   C Once you find work you like, you will never have to get another job.

   D You will never be able to be happy if you do not have a job you like.

Tema 9 — ¿Cómo será el futuro?: Lectura 2

La nueva generación de "agricultores profesionales" en España

Un agricultor en Huelva, España

1   En el año 2013 en España, el nivel de desempleo llegó al 26% de la población total[1]. Para los jóvenes (menores de 25 años), un 54% de los que lo buscan no han encontrado trabajo. Es decir que más de la mitad (*half*) de los jóvenes recién graduados no tienen trabajo. Es un problema muy grave con consecuencias variadas. Muchos jóvenes

5 deciden quedarse a vivir en casa de sus padres porque no pueden pagar su propio apartamento. Pocos se casan y empiezan una familia por la falta de seguridad financiera. Otros aceptan trabajos para los que son demasiado cualificados y les pagan poco. Y algunos… se van al campo.

    Estos jóvenes estudiaron en la universidad. Quizás han estudiado en el extranjero para

10 aprender otro idioma. Es posible que hayan sacado notas muy altas. Y al final de todo, no encontraron empleo y decidieron ir al campo para ser agricultores. Esta es la realidad para muchos jóvenes profesionales en España.

    En los últimos cinco años, más de diez mil jóvenes españoles, muchos de ellos licenciados de las universidades españolas, se escaparon de las ciudades para vivir

15 una vida agrícola. De veras, las razones de la migración son tanto económicas como

[1]**Fuente:** rtve.es (Corporación de Radio y Televisión Española), *http://www.rtve.es/noticias/el-paro-espana/grafico-epa/*

Tema 9

¿Cómo será el futuro?: Lectura 2 (continuación)

ecológicas. Los recién graduados han tenido muchas dificultades encontrando empleo. Además, es muy caro vivir en las áreas urbanas. Por ejemplo, alquilar un apartamento pequeño de dos dormitorios en Madrid cuesta más de lo que puedan ganar. Pero aparte de estos obstáculos a la vida del profesional urbano, hay algo más que atrae estos jóvenes

20 al campo: el deseo de conectarse con el planeta.

El nuevo agricultor

Los nuevos agricultores aprenden a trabajar con la naturaleza, usar los recursos (*resources*) naturales cuidadosamente y proteger la fuente de estos recursos: la Tierra. Cultivando plantas y criando (*raising*) animales, estos agricultores aprenden a vivir de lo que

25 producen. Consumen menos energía porque ya no tienen que pagar el transporte de los productos. Producen comida sostenible (*sustainable*) para las comunidades españolas. En fin, mejoran la economía española con mejores productos locales mientras también protegen el medio ambiente.

Los beneficios para el país son muchos. Primero, España quiere repoblar las áreas

30 rurales, algunas de las cuales están abandonadas. También, responde a la crisis económica del desempleo. Y los jóvenes graduados están mejorando las prácticas agrícolas. Ya están familiarizados con las nuevas tecnologías y las usan para hacer más eficiente el trabajo del agricultor. En fin, muchos se benefician de esta tendencia hacia (*toward*) la vida agrícola en vez de la profesional.

Vocabulario y comprensión

1. **Vocabulario**   Read this sentence from the text: *"Pocos se casan y empiezan una familia por la falta de seguridad financiera."* [line 6] Which of the following means roughly the same as *"seguridad financiera"*? Select **two**.

   A tener poco dinero   **C** tener buen empleo

   B tener bastante dinero   **D** tener que vivir en la casa de sus padres

2. **Vocabulario**   Complete the following questions.

   Part A: Read this sentence from the text: *"En los últimos cinco años, más de diez mil jóvenes españoles, muchos de ellos licenciados de las universidades españolas, se escaparon de las ciudades para vivir una vida agrícola."* [lines 13–15] Which of the following means the same as *"licenciados"*?

   A graduados   **B** ambiciosos   **C** populares   **D** profesionales

   Part B: What word from the text informed your answer in part A?

   A jóvenes   **B** universidades   **C** españoles   **D** agrícola

3. **Vocabulario**   Complete the following questions.

   Part A: Read this sentence from the text: *"Primero, España quiere repoblar las áreas rurales, algunas de las cuales están abandonadas."* [lines 29–30] Which of the following means roughly the same as *"repoblar"*?

   A pedir que se vaya la gente de un pueblo para reducir la población porque hay demasiadas personas que viven allí

   B contar el número de personas que viven en un pueblo para ver si necesita más habitantes

   C atraer (*attract*) a la gente a ser parte de la población de un pueblo donde ya viven muchas personas

   D atraer a la gente a ser parte de la población de un pueblo donde antes vivían muchas personas pero ahora no

   Part B: What word or phrase from the text informed your answer in part A?

   A primero   **C** áreas rurales

   B España   **D** abandonadas

Tema 9

Vocabulario y comprensión (continuación)

4. **Ideas clave y detalles**   Reread paragraph 1 [lines 1–8]. Which of the following is **NOT** mentioned as a consequence of the unemployment crisis in Spain?

   A Young people are living with their parents.

   B Young people are overqualified for the work they do.

   C Young people are going abroad to study other languages.

   D Fewer young people are getting married and starting families.

5. **Ideas clave y detalles**   Reread paragraph 3 [lines 13–20]. According to the text, which of the following are challenges for a young urban professional? Select all that apply.

   A They don't know anything about farming.

   B They have had difficulties finding work.

   C They are concerned about the environment.

   D They face a high cost of living in the city.

6. **Ideas clave y detalles**   Reread paragraph 5 [lines 29–34]. Which of the following is **NOT** mentioned in the text as a benefit of the migration of young people to the farms?

   A They know how to care for the animals better than traditional farmers.

   B Young people are reviving rural areas that were largely abandoned.

   C They bring knowledge of new technologies to improve the farming industry.

   D By accepting jobs on farms, young people are helping to reduce the number of unemployed.

7. **Integración de conocimientos**   Which of the following reasons from *Lectura 1* could explain the migration of young Spaniards from cities to farms? Select all that apply.

   A Están buscando dinero y poder.

   B Les importa el impacto de su trabajo.

   C Piensan en sus valores personales.

   D Quieren un empleo con un título.

Tema 9 — ¿Cómo será el futuro?: Integración de ideas

Escribir

Write about the advantages and limitations of following your passion when choosing a career path. Analyze the trend of young professionals in Spain in relation to the idea of following one's passion. How does this trend relate to the ideas presented in *Lectura 1*?

_____

_____

_____

_____

Writing Task Rubric

	Score: 1 Does not meet expectations	Score: 3 Meets expectations	Score: 5 Exceeds expectations
Completion of task	Does not complete the task within context of the topic.	Partially completes the task within context of the topic.	Effectively completes the task within context of the topic.
Use of evidence	Student presents no evidence from either selection to support response.	Student presents evidence from only one selection to support response.	Student presents evidence from both selections to support response.
Comprehensibility	Student's ideas are unclear and difficult to understand.	Student's ideas are somewhat clear and coherent and fairly well understood.	Student's ideas are clear, coherent, and easily understood.
Language use	Very little variation of vocabulary use with many grammatical errors.	Limited usage of vocabulary with some grammatical errors.	Extended use of a variety of vocabulary with very few grammatical errors.
Fluency	Uses simple sentences or fragments.	Uses complete but simple sentences.	Uses a combination of simple and complex sentences.

Nombre _____   Fecha _____

Tema 9   ¿Cómo será el futuro?: Integración de ideas (continuación)

Hablar y escuchar

Work in a small group. Consider the following statement: *Para estar feliz en tu carrera, tienes que seguir tu pasión.* Prepare an argument from your group in favor of (*a favor de*) or against (*en contra de*) this statement. Support your position with evidence from both of the readings. Present your group's argument to the class.

Presentational Speaking Task Rubric

	Score: 1 Does not meet expectations	Score: 3 Meets expectations	Score: 5 Exceeds expectations
Completion of task	Does not complete the task within context of the topic.	Partially completes the task within context of the topic.	Effectively completes the task within context of the topic.
Use of evidence	Student presents no evidence from either selection to support response.	Student presents evidence from only one selection to support response.	Student presents evidence from both selections to support response.
Comprehensibility	Student's ideas are unclear and difficult to understand.	Student's ideas are somewhat clear and coherent and fairly well understood.	Student's ideas are clear, coherent, and easily understood.
Language use	Very little variation of vocabulary use with many grammatical errors.	Limited usage of vocabulary with some grammatical errors.	Extended use of a variety of vocabulary with very few grammatical errors.

Créditos

Photographs: 5 (TL) ©Valentin Mosichev/Shutterstock, (CL) ©Sergiy Zavgorodny/Shutterstock, (BL) ©Juanmonino/Getty Images; 19 ©Photographee.eu/Shutterstock; 22 ©Ben Welsh/Design Pics/Corbis; 30 (CR) ©LatinFocus.com, (BR) ©age fotostock/Alamy; 37 ©Ocean/Corbis; 40 ©YAY Media AS/Alamy; 48 ©John Mitchell/Alamy; 51 ©John Mitchell/Alamy; 56 ©Michael DeFreitas South America/Alamy; 62 ©Paul Kennedy/Alamy; 69 (T) ©Jim West/Alamy, (B) ©Stuart Westmorland/Corbis; 72 ©Anibal Trejo/Shutterstock; 74 ©Natursports/Shutterstock; 75 ©Bruce Farnsworth/Alamy; 84 ©JGI/Jamie Grill/Corbis; 94 ©Nik Wheeler/Corbis; 97 ©Neil Harrison/Alamy; 106 ©Citizen Stock/Blend Images/Corbis; 112 ©Panorama Productions Inc./Alamy; 118 ©Network Photographer/Alamy; 121 ©Ingolf Pompe 85/Alamy; 130 ©Javier Lizon/EFE/Newscom; 133 ©Rodrigo Buendia/AFP/Getty Images/Newscom; 136 ©Richard Ellis/Alamy; 141 ©LatinFocus.com; 145 ©LatinFocus.com; 149 ©Florian Kopp/imagebroker/Alamy; 157 ©Everett Collection Inc/Alamy; 160 ©ZUMA Press, Inc./Alamy; 165 ©Westend61 GmbH/Alamy; 166 ©Ariadne Van Zandbergen/Alamy; 169 ©Remedios Valls López/age fotostock/Alamy; 170 ©LatinFocus.com; 175 ©Alexey Stiop/Shutterstock; 179 ©Ocean/Corbis; 183 ©Tibor Bognar/Alamy; 184 (TR) ©Luis Moreno Notimex/Newscom, (CL) ©John Mitchell/Alamy; 192 ©Monty Rakusen/Getty Images

Notes

Notes